ウェルビーイングな
学校づくりのための
ポジティブ心理学

Positive Psychology for Creating Well-being in Schools

＋

先生や子ども、そして保護者の幸せな人生に向けて

Toward the Well-being of Teachers, Children, and Parents

横田秀策

Shusaku Yokota

アルテ

はじめに

ポジティブ心理学を学んだ理由

　政府による働き方改革の旗が振られるようになり、学校現場はそれまで以上に注目されるようになりました。平成二八（二〇一六）年度に行われた教員勤務実態調査（文部科学省）の結果、小学校で約三〇％、中学校で約六〇％が月八〇時間以上の時間外労働を行う過労死ラインを超えていることがわかり、急速な働き方改革が進められるようになりました。二〇二三年四月に公表された令和四（二〇二二）年度の教員勤務実態調査の結果では、小学校で月八〇時間の残業に相当する学内勤務時間「週六〇時間以上」の先生は、小学校で十五％弱、中学校で三五％強となり、時間的には改善していることがわかりました。しかし、依然として過酷な状況であることは明白です。

　中学校教員であった筆者の実感からすると、朝七時から夜十九時までの一日十二時間勤務は当たり前であり、それに生徒指導などがあれば深夜まで対応することもありました。その上、土日は部活動の指導だったので、家族とゆっくり過ごす時間は、学期に二度ほどある試験期間に、しかも試験を作り終わってからの時間ぐらいでした。今考えると、そのような生活の自分を家族は見捨てないでいてくれたなと思うことがあります。しかも、時代が進めば進むほど、様々な〇〇教育などが文部科学省から教育委員会ルートで下りてきて、多忙を極める一方でした。さらに、時代の変化とともに、保護者からの要望やクレームもぐんと増えてきました。このような状態でしたから、教員の対応能力にも限界があり、ミスや間違いは増えて行きました。一方、児童生徒（以下「子ども」とする）や保護者の状況を見ていると、このままで本当にこれからの人生を幸せに生きていけるのだろうか、とおせっかいながら感じることもありました。その結果、これからの教育の大きなポイントはキャリア教育だと確信しました。

　そのような中、学校をめぐる様々な問題、たとえば教科教育や道徳、そして生徒指導では解決できないと思う出来事などにいくつも出会うことがありました。そこで、筆者は、二〇〇七年、キャリアカウンセラーの資格取得を目指し、翌年、ＣＤＡ（キャリアディベロップメント・アドバイザー、日本キャリア開発協会）の資格を取得したのです。

　資格取得後、キャリア発達・開発について学んでいく中で、ポジティブ心理学という新しい領域の心理学が大きく関わっていることを知りました。ちょうどその頃、教頭として勤務していた中学校で、校長先生から「レジリエンスってとても大切だと思うけど、どうやったら身につくのかな。困難なことにぶつからせればできるものでもない」という話を伺うことがありました。そのときをきっかけに、ポジティブ心理学、中でもレジリエンスの必要性を強く感じるようになりました。

　その直後、たまたまヨーロッパのポジティブ心理学の第一人者であるイローナ・ボニウェル先生が、日本でポジティブ心理学、そしてレジリエンス、ウェルビーイングの講座を行うことがわかり、すぐに東京まで受講しにいくことを決意しました。今思うと、あの時が人生の大きな分岐点だったのだと思います。このようにしてポジティブ心理学を本格的に学ぶことになり、現在までコツコツとポジティブ心理学の学びを続けています。

手段を目的化せず、しっかり目的を見定める

近年、ウェルビーイングの重要性が唱えられ、学校でもその実現が強く求められています。しかし、学校の現状を見ると、働き方改革や学力観の転換などの教育改革によって、ウェルビーイングへ少し近づいていますが、ウェルビーイングが実現しつつあるとはとてもいえない状況です。

筆者は、教員生活の最後を小学校長として務めましたが、その小学校でのテーマは、まさにウェルビーイングの実現でした。そのあたりは前著『学校が苦手な子どものためのアドラー心理学』(アルテ)で述べていますので、ご一読いただければ嬉しいです。

昨今、ポジティブ心理学やウェルビーイングをタイトルにつけた学校関係の書籍も出版されるようになりました。これは大変喜ばしいことです。しかし、その内容を見てみると、実践例（内容・方法）はたくさん掲載されているけれども、理論や意味は手薄い感じがしています。大胆に、内容・方法をツール、理論や意味はマインドとすれば、極めてツールはたくさんあるけど、マインドが薄いという感じです。スキルとは手段です。スキルばかりに目を奪われれば、「こうやればいいよ」と言われて真似してやる、うまくいくから目的を考えずにやることにつながります。いわゆる、目的と手段を取り違える状態が起こる可能性が高いのです。この現象は学校ではよく起こります。時間がないので、目的をきちんと検討せずに、成功事例を安直に続けてしまうのです。そのようにならないためにも、しっかりと目的を見定めて、それにあった手段を使っていくことが大切です。そのためにもマインドの部分をしっかり学ぶ必要があります。

ウェルビーイングを実現するためにはポジティブ心理学は欠かせないものです。その中でもレジリエンスはポジティブ心理学の最重要概念であるとともに、ウェルビーイングを支える重要な構成要素です。本書ではポジティブ心理学の中心的な概念であるレジリエンスを中心に取り扱っていきます。

本書の構成について

筆者は、キャリアカウンセラー資格取得以来、ポジティブ心理学をはじめ、人間の成長に関わる様々な学びを積み重ねてきました。研究者のような学びはしていませんが、実践者の立ち位置にいながら、人間はどうしたら幸せに近づくのか、何が人間のモチベーションを高めるのかなど、人間の成長に関することを学んできました。その成果を生かして、本書ではポジティブ心理学の基礎的なところがわかるように、そしてそれをどのように活かせば、先生や子ども、そして保護者がウェルビーイングを実現できるのかについて述べたものです。

まず、序章「ウェルビーイングな学校を目指そう」で学校がウェルビーイングを目指す理由について述べました。そして、第一章「自己認識はすべてのスタート」で、ポジティブ心理学と関わりが深い自己認識の重要性について述べています。さらに、第二章「自分らしい強みを活かす」、第三章「ポジティブ感情を上手に使う」、第四章「ネガティブ感情をコントロールする」、第五章「楽観性はエネルギーにつながる」、第六章「「やればできる」を生み出す自己肯定感&自己効力感」はレジリエンスと関わりの深いものについて述べています。最後に、第七章「SELプログラムでウェルビーイング」は、ポジティブ心理学がEQの向上を目指すものであり、ウェルビーイングの実現に向けては非認知能力（EQを土台としている）を身につけなければならないため、非認知能力を身につけるためのS

ＥＬプログラムについて述べています。

以上のように、ポジティブ心理学、特にレジリエンスとの関係が強い内容（第二〜六章）と、それを支える内容（序章・第一章）、そして、そこからウェルビーイングにつなぐ内容（第七章）で構成されています。この構成を意識してお読みいただくとわかりやすいのではないかと思います。

また、本書で対象としているのは、学校の先生や子どもです。もう少し広げて保護者も対象として良いかもしれません。学校でのウェルビーイングの実現は、最低でも先生と子どもが、ウェルビーイングな状態にあることが必要です。その状態が実現したときは、きっと保護者もウェルビーイングな状態だと思います。そのため、先生にも子どもにも活用できるようなワークをできる限り紹介しています。内容によっては少し子どもでは難しいこともありますが、現場の先生の判断で手直しする、実施しないなど決めて取り組んでいただければ良いと思います。

本書が、学校をウェルビーイングが実現した場となることを願う先生や子ども、そして保護者や学校を応援してくださる方々のお役に立てることがあれば、大変嬉しく思います。子どもの笑顔はもちろん、先生、保護者、学校に関わる方の笑顔につながるよう願っております。

横田　秀策

目　次

第4章　ネガティブ感情をコントロールする　96

第7章　SELプログラムでウェルビーイング　173

おわりに　189

序章　ウェルビーイングな学校を目指そう

ウェルビーイングとポジティブ心理学

近年、ウェルビーイングが大変注目されるようになりました。ビジネスの世界でもブランド企業をはじめ、ウェルビーイングの視点を経営に取り入れているところが続出しています。学校関係の書籍でも、タイトルにウェルビーイングがついたものが書店で見られるようになってきました。

幸福 Happiness については、アリストテレスやプラトンのような哲学者が、ギリシャ時代からいかなるものか追い求めたテーマでした。二千年もの間、人類が幸福を追い求めた結果、私たちのとって重要なものがウェルビーイングであることに辿り着いたのです。幸福が快楽主義的な瞬間的な幸せを含んでいるのに対して、ウェルビーイングはどのようなことを言うのでしょうか。

その定義について 世界保健機関（ＷＨＯ）は次のように述べています[1]。

健康とか、病気でないとか、弱っていないと言うことではなく、肉体的にも、精神的にも、そして社会的にも、すべてが満たされている状態にあること身体的、精神的にはもちろん、人間関係や仕事、様々な社会的状況のすべてで満たされた状態、ポジティブな状態であることを意味しています。

さらに、幸福学の前野隆司・前野マドカは、「狭い意味での心身の健康だけではなく、心豊かな状態である幸福と、社会的な良好な状態を作る福祉を合わせた、心と体と社会のよい状態[2]」と述べています。

少なくとも何某かの調査によって客観的に計測されたデータではなく、それぞれの人が自分の幸福についてどのように捉え、感じているか、つまり実感している状態を表しているものです。これを主観的ウェルビーイングと呼んでいます。

また、このウェルビーイングについて忘れてならないのは、ポジティブ心理学の創始者であるマーティン・セリグマンです。一九九八年、アメリカ心理学会の会長であったセリグマンは、それまでの心理学が「苦痛を和らげ、人生を台無しにする病気を根絶する」ことを目標としていたことから、「何が人生を生きるに値するものにするのかを探究する。そして、生きるに値する人生を可能とする状態を築き上げていく[3]」ことのためにも心理学を活用すべきであると提唱しました。これによりポジティブ心理学[4]がスタートします。

そして、セリグマンは幸福から、さらに、持続的な幸福 Flourishing の重要性を主張し、次の五つの構成要素を明らかにしました[5]。

ポジティブ感情（P：Positive Wmotion）

ポジティブ感情、つまり快の感情をどれくらい感じているか

エンゲージメント（E：Engagement）

仕事に没頭できているか、夢中になれることはあるか（フロー）

関係性（R：Relationships）

豊かな人間関係があり、サポートしてくれる人がいるか

意味・意義（M：Meaning）

自分の存在や、やっていることに価値を感じているか、意味ある人生となっているか

達成（A：Achievement）

価値ある目標を達成する人生になっているか

これらの構成要素は計測可能であり、持続的な幸福の状態を測ることが出来ます。持続的な幸福とウェルビーイングはかなり近い概念なので、持続的な幸福の程度が分かれば、ウェルビーイングの程度もわかるのではないでしょうか。それほど、ウェルビーイングとポジティブ心理学は強い関わりがあり、分けて考えることができない関係なのです。

ウェルビーイングが注目される理由

このようなウェルビーイングがなぜ注目されるようになったのかについては、大きく二つの理由が考えられます。

まず一つ目は、先ほど述べたポジティブ心理学の発展です。この二〇数年でポジティブ心理学は私たちが幸せに暮らしていくために必要不可欠なものに成長してきました。

そして、二つ目は、現在、ＶＵＣＡの時代と言われるような「変化が激しく、不確実で、そして複雑、

しかも曖昧な時代」に突入したからです。日本の状況を考えても、数一〇年前までは経済的にも右肩上がりで安定していました。世の中の価値観も様々なものがあると言いながら、現在に比べると社会的価値観が個人的な価値観とかなり重複していた時代です。ところが、現在は、テクノロジーの進化が、社会の多様性を加速度的に推し進め、価値観だけ見てもひと括りにするのは難しい時代になってきました。ダイバーシティの進展は社会の拡散を進めます。人がそれぞれ多様であることが認められることは大変重要なことですが、社会的には「みんな違ってみんないい」状態になっていきます。そうなれば、まとまらない、社会として何を目指してどこへ行けば良いのか分かりにくい状態になります。その場合、とても大切なのが社会としての目指す方向、いわばビジョンです。そのビジョンとして登場してきたのがウェルビーイングなのです。また、社会のビジョンとしての役割だけでなく、会社として生産性を上げるためにも、社会として資本をできる限り良い状態で回していくためにも、ウェルビーイングは大きな役割があります。

この大きな二つの流れがクロスしているのが現在なのです。このような大きな流れの中にウェルビーイングは注目されるようになりました。

ギャラップ社が捉えるウェルビーイングの要素

アメリカの調査会社ギャラップは「想像しうる最高の生活」と「想像しうる最悪の生活」の違いから調査指標を開発し、ウェルビーイングの鍵となる次の五つの要素を明らかにしました[6]。

キャリア・ウェルビーイング　日々していることが好き

人間関係ウェルビーイング　人生を豊かにする友がいる
経済的ウェルビーイング　常時にお金を管理する
身体的ウェルビーイング　やり遂げるエネルギーがある
コミュニティ・ウェルビーイング　住んでいるところが好き

これらの五つの要素は相乗効果があります。その中でもギャラップ社が最も注目するのはキャリア・ウェルビーイングであり、他の四つの要素の基盤であると指摘しています。

多くの企業は、「ウェルネス」に限定し、従業員に健康的な食事と運動を奨励してきた。しかし、最も焦点を当てるべき要素は、「キャリア・ウェルビーイング」である。[7]

ギャラップ社によればキャリア・ウェルビーイング、つまり職場のウェルビーイングは他の要素のウェルビーイングの基盤であり、職場のウェルビーイングを実現しない限り、他の要素のウェルビーイングへ大きな影響を及ぼし、全体のウェルビーイングは実現しないと言及しています。

そして、調査結果から次のようにも述べています。[8]

従業員エンゲージメントは、ウェルビーイングとレジリエンスの高い文化組織となる。

もしも仕事がつまらなかったり、悲惨だったりするなら、ウェルビーイングを向上させようと組織が努力しても、従業員の心に響かない。

仕事上の期待値がはっきりしないと答えた人は、日々の心配事、ストレス、不安、孤独感が、より高い傾向にある。

マネージャーは、人が本来持っている才能や強みを活かせるように従業員を配置することで、より良い結果が得られる。

このように、全体のウェルビーイングの実現に向けて、職場のウェルビーイングの実現に向けたヒントを投げかけています。

学校のウェルビーイングは？

ウェルビーイングの実現に向けて、最も鍵を握る職場のウェルビーイングについて考えていきましょう。学校の先生にとって、職場のウェルビーイングの舞台はもちろん学校です。

一方、子どもたちにとってはウェルビーイングの中心的な舞台はどこでしょうか。自宅や家族、いわゆる家庭を第一の居場所、学校や職場を第二の居場所、それら以外を第三の居場所と呼んでいますが、それから考えると、職場のウェルビーイングにあたる舞台は子どもにとっても学校なのです。

それでは、学校のウェルビーイングはどのような状態なのでしょうか。

まず、先生にとってどうなっているのかを考えてみましょう。

皆さんもお分かりのように、近年、社会現象にもなっている働き方改革を緊急に迫られている職業・職場の一つが学校です。二〇一六年九月に、当時の首相を議長として、働き方改革実現会議が設置されました。主な審議内容は、非正規雇用の待遇改善、賃金の引き上げ、労働生産性の向上、長時間労働の是正などです。この辺りから急速に学校の長時間労働や公立学校教員採用試験の競争率の低下（教員志望者の減少）、それらの影響による教員不足などの問題が連日のように取り上げられています。公立の義務教育諸学校等の教育職員の給与等に関する特別措置法による教職調整額などは「定額働かせ放題」など、スマホの契約になぞらえて揶揄される状態です。また、退職者数や病気休暇取得者なども増加しており、まさに学校のウェルビーイングは危機的状態と言っても過言ではないのかもしれません。

現在、学校の働き方改革への動きが加速しています。しかし、長時間労働の問題だけを考えても、仕事量は減らないのに、勤務時間を制限されるという大きな矛盾を抱えたまま進んでいます。教員不足などの問題はさらに深刻になっています。ウェルビーイングを目指しつつも、ウェルビーイングが実現しつつあるという状況にはなっていないというところでしょう。

一方、子どもの方はどうでしょうか。

主体的・対話的で深い学びの実現に向けて、従来の学力観や学び方への転換が重視されて数年経ちました。少しずつ、変化の兆しはあるものの、全体としては未だに従来の教育システムの産物の中で、子どもは学んでいるのではないかというのが実感です。その上、コロナ禍もあり、子どもが抱えるストレスも大きなものになっています。その結果、不登校者の数は増加しており、いじめの件数も増えています[9]。不登校やいじめについては、捉え方によってかなり意味合いが違ってくるので、増加＝悪いということにはならないのかもしれません。しかし、ウェルビーイングが実現していることとは程遠いことは間違いありません。

このような先生や子どもの状況を踏まえると、ウェルビーイングの実現にはたくさんの課題が残されており、そこにどう取り組んでいくかということがとても重要だということがわかります。

学校のウェルビーイング実現のために

学校の実情を現場の声、世論として政治に訴え、学校を変えていくことは重要、かつ必要なことです。しかし、その方法だけでは長い時間がかかります。現在、学校の働き方改革へも緊急性を持って政治や行政は対応していますが、実感としてやっと進み始めた、これからどれくらい時間がかかるのだろうと思っている先生はたくさんいるのではないでしょうか。その間に学校で働く先生、そして学ぶ子どもたちが犠牲になっていることを忘れてはなりません。

さらに、学校で取り組めることがあるのに取り組まないことは、先生が他責で生きていることになります。「今までやってきたのだから仕方がない」「忙しくて手が付けられない」「この状況を自分が生み出したのではないから関係ない」など、自分以外に責任を押し付けてしまうことになるのではないでしょうか。

今、学校で頑張っている先生が、自らのために、そして、子どものために取り組み始め、学校をウェルビーイングな場にしていく。このことは社会のウェルビーイング、学校のウェルビーイングに向けて必要不可欠なのです。

ウェルビーイングのポイントはレジリエンス

そのように、先生自らが学校のウェルビーイングの実現へ向けて取り組むことが重要です。具体的には、ポジティブ心理学を活かして学校をウェルビーイングの場にしていくことです。ポジティブ心理学を活かしてウェルビーイングを実現するために、避けて通ることができないことが学校に関わる人にレジリエンスの力をつけることです。

レジリエンスとは「回復力」や「折れない心」のことを意味しています。日本ポジティブ教育協会では「逆境に負けない力、困難や失敗に直面して、ネガティブになったり落ち込んだりしても、そこから立ち直る精神的回復力のこと[10]」と定義づけしています。強いと言えば、鉄などのような金属をイメージする人もいるでしょうが、レジリエンスの強さは柳の木やゴム風船のようなイメージです。柳の木は細くて少々ひ弱な感じがします。台風が来たりすれば柳の木は倒れそうに風に吹き流されますが、台風が止んでしまうと元の状態に戻ります。風船も押すと窪みますが、その力がなくなると元に戻ります。このようにネガティブな出来事が起こったり、感じたりしても、上手に自分をコントロールしながらポジティブな状態に戻したり、ネガテイブな状態を軽減したりする力がレジリエンスです。

ウェルビーイングを実現するためにはレジリエンスは必要最低条件です。なぜならば、人生においてネガティブな出来事に遭遇しないことはないからです。出会ったネガティブな出来事にどのように対応するかでウェルビーイングが実現するかどうかが決まるといっても差し支えないかもしれません。

【文献】

（1）公益社団法人日本ＷＨＯ協会ホームページ https://japan-who.or.jp

（２）前野隆司・前野マドカ『ウェルビーイング』日本経済新聞出版、二〇二二年、十六頁

（３）マーティン・セリグマン、宇野カオリ監訳『ポジティブ心理学の挑戦』ディスカヴァー・トゥエンティワン、二〇一四年、三〜四頁

（４）ポジティブ心理学の定義については、一般社団法人ポジティブ心理学協会ホームページには次のように定義されています。「ポジティブ心理学とは、私たち一人ひとりの人生や、私たちの属する組織や社会のあり方が、本来あるべき正しい方向に向かう状態に注目し、そのような状態を構成する諸要素について科学的に検証、実証を試みる心理学の一領域である」

（５）マーティン・セリグマン、宇野カオリ監訳『ポジティブ心理学の挑戦』ディスカヴァー・トゥエンティワン、二〇一四年、三三〜四二頁

（６）ジム・クリフトン＋ジム・ハーター、古屋博子訳『職場のウェルビーイングを高める』日本経済新聞出版、二〇二二年、十一〜三六頁。ギャラップ社はウェルビーイングを測定するキーワードとして充実度をあげており、ギャラップ充実度調査（ＧＮＴ）と言う指標を使用しています。そして、ＧＮＴは従業員の現在と未来のレジリエンス（回復力）を査定するとしています。

（７）ジム・クリフトン＋ジム・ハーター、古屋博子訳『職場のウェルビーイングを高める』日本経済新聞出版、二〇二二年、四六頁

（８）ジム・クリフトン＋ジム・ハーター、古屋博子訳『職場のウェルビーイングを高める』日本経済新聞出版、二〇二二年、一三一〜一四四頁

（９）文部科学省「令和3年度児童生徒の問題行動・不登校等生徒指導上の課題に関する調査」

（10）日本ポジティブ教育協会ホームページ https://j-pea.org/resilience/

第1章　自己認識はすべてのスタート

自己認識とポジティブ心理学

「自分は一体何がしたいのだろう」
「自分はどうなりたいのだろう」
「そもそも自分はどのようなことに、喜びややりがいを感じるのだろうか」

このように、本当の自分の思いを認識することを自己認識と呼んでいます。

地図の活用で例えてみましょう。地図を使うときに一番大切なこと、つまり、そのことを外すと地図を活用できないということは何だと思いますか？　地図記号がわかることでしょうか、それとも、方位がわかることでしょうか。実は、地図を活用する上で一番大切なことは、自分がどこにいるかを地図上でわかること、つまり現在位置なのです。自己認識は地図の活用でいうところの現在位置にあたります。ウェルビーイングな人生を過ごすためには、人生の現在位置、自己認識にしっかり取り組む必要があります。

自己認識とは、簡単に言えば、自分のことを自分がどう捉えているかということです。同様の言葉に自己理解や自己分析などがありますが、これらの言葉に明確な境界線はなく、ほぼ同様の意味だと捉えても良いと思います。ただ、概念としては自己認識が最も大きいものでしょう。

自己認識で捉える自分は、感情、思考、行動をはじめ、興味・関心や強み、価値観から身体反応に至るまで数え切れないほどのものがあります。実際の捉え方としては、「自分はこのような時にこんな感情が湧きやすい」「自分がこのように考える傾向が強い」から、「自分は緊張すると、身体のこのところにこんな反応が出る」など、自分の心身の傾向をどの程度きちんと捉えているかというものもあれば、「自分は何者なのか」「自分はどのようになりたいのか」など、キャリア的な意義・意味についてのものもあります。自己認識とは、人間がウェルビーイングを実現する上で欠かせないものなのです。

一方、ポジティブ心理学は人間がさまざまな意味で良好な状態を促進し、継続すること、つまりウェルビーイングな状態、持続的な幸福を達成するために必要不可欠なものです。当然、何を持ってウェルビーイングであるかは人それぞれで違います。このように、ウェルビーイングについては人それぞれで基準や尺度、感じるポイントが違うので、各人の自己認識と密接な関係があるのです。

また、ポジティブ心理学のアプローチが、自己認識を広めたり深めたりすることもあれば、自己認識を深めることで、ポジティブな思考や感情を増やすこともできます。このように自己認識とポジティブ心理学は相互に支え合っている関係とも言えるのです。

自己認識の大きな課題

ウェルビーイングの状態を作り出すために重要な自己認識ですが、実際の生活で適切に自己認識を行うためには大きな課題があります。

それは、現代社会において、子どもから大人まですべての人が、たくさんの情報の中で忙しく過ごしていることです。子どもは学校へ行けば、朝から夕方まで授業が詰まっており、放課後は部活や習い事で埋め尽くされています。朝の会で、担任の先生から、「今日は○○だから、お昼休みまでに提出してね」とか、「今日の△△の時間は□□の時間なので、それまでにきちんと準備を済ませておいてね」などの指示・命令が出されたり、生活上の注意がなされたりします。子どもは学校へ行けば、やらねばならないこと、注意しなければならないことのオンパレードで、「今日を自分はどのような日にしたいのか」や「今日の体調はイマイチなのでゆっくり過ごそう」など、そもそも自己認識を深めたり、自己認識に基づいて考えたりすることが十分できないのです。

　これは大人も同じで、企業の方と話しても、「忙しくて研修する時間もない」というお話もよく耳にします。大人向けのセミナーや研修の時に「今、気になることを書き出してください（意識に上っていることを書き出してください）」と書き出してもらうと、「仕事の締め切りが近いのでなんとかしなくちゃ」「料金の催促が来ているので支払わなくては」などが出てきます。「今の自分はこんな気持ちでこんなことがしたい」や「自分は将来こうなりたい」などがあがってくることはありません。

人間は外側の情報や刺激に反応する

　このようになるのは、人間が自分の外側にある情報や刺激に反応しやすいことがあるからです。それを脳科学の分野から簡単に説明すると次のようになります。

　人間は情報を視覚、聴覚、嗅覚、味覚、触覚という五感から得ています。五感から得た情報はすべて人間の外側にあるものです。そして、脳に情報を送るためには脳の下にある網様体賦活系（ＲＡＳ）を通って脳へ送られます。この時に、情報は千分の一に削られます。つまり、五感から得られた情報

図1－1　脳への情報伝達

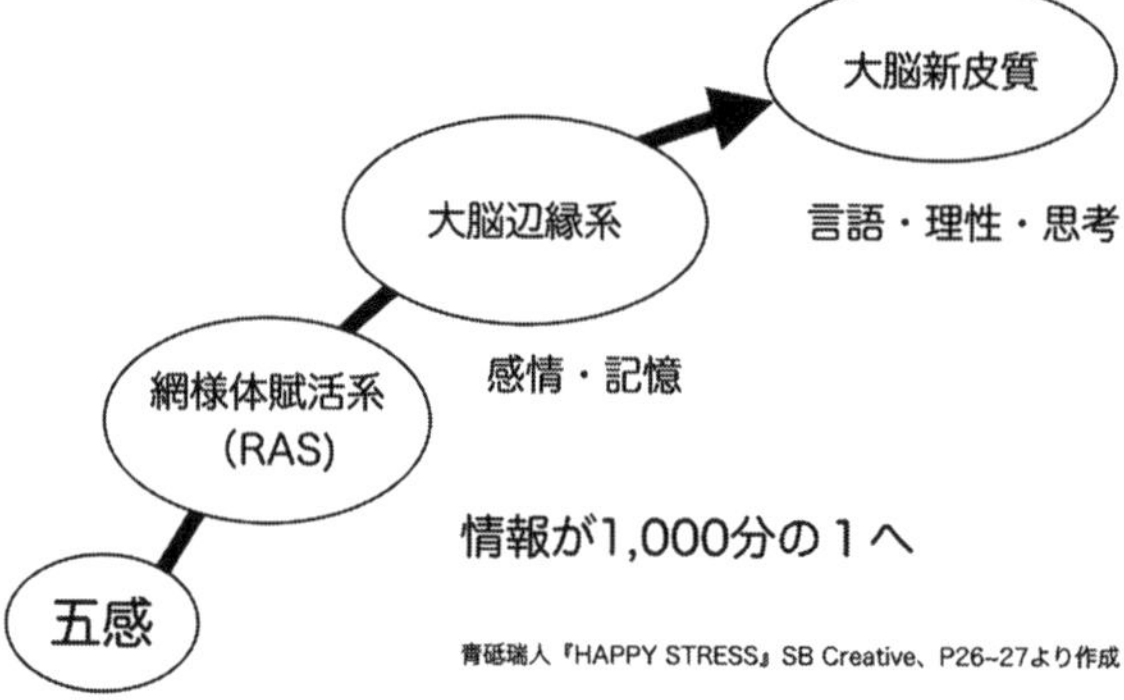

青砥瑞人『HAPPY STRESS』SB Creative、P26~27より作成

のすべてが脳へ送られるわけではないのです。千分の一に削られた情報が大脳辺縁系（記憶や感情を司る）や大脳新皮質（思考や理性、言語を司る）へ送られるのです。このように脳へ送られる情報は限定的であり、放っておくと脳は自分や他者のネガティブな情報に意識を向けます。そうなると、自己認識はそっちのけで、とりあえず目の前の状況を改善しようと動いてしまうのです[1]。

世の中を見渡せば、さまざまな情報が溢れています。しかし、その内訳を見ると、ネガティィな反応を呼び起こすものの方がポジティブな反応を呼び起こすものより断然溢れています。テレビのワイドショーで取り扱われている内容を考えると一目瞭然でしょう。しかも、現在はＳＮＳなどネット情報が氾濫している時代です、脳を刺激する情報には事欠きません。

とにかく、子どもも大人も時間に追われており、やるべきことに埋もれて生活している人が多いのです。そうなると、自己認識などしている暇もありませんし、自己認識する意識も持てません。これが自己認識をめぐる最大の課題であり、自己認識がこの状態であればウェルビーイングを作り出すことは到底叶いません。

マインドレスネス

このように、人間の外側の情報や刺激に意識を奪われるようになると、人間はオートパイロットモード（自動運転モード）に入ってしまいます。オートパイロットモードの意識の状態をマインドレスネスと呼び、人間が無意識に動く状態です。いつもと同じ道順で何も考えずに学校へ通学する、授業中ボーッとして黒板をノートに写すなど、人間は特定のパターンで無意識に行動していることがたくさんあります。このように無意識に、もしくはあまり意識せず行動・選択することは、これも脳の働きと密接に関係があります[2]。

脳は体重の約二％の重さでありながら、体内で使われるエネルギー（グルコース）を、子どもの場合で約二五％（大人で二〇％）消費します。つまり、脳はその複雑な作業を行うためにエネルギーを爆食いするのです。そのため、脳は自然とエネルギー節約を心がけるようにできていて、使わなくなった神経回路は閉じてしまいます（よく使う神経回路は逆に太くなります）。こうやって出来上がるのが習慣です。習慣になっていることは神経回路がつながり、太くなっており、今までやってなかったことの神経回路はつながっていません。初めてのことに取り組むと、とても疲れるという話がありますが、それはつながっていない神経回路をつなぐために莫大なエネルギーを使ったということなのです[3]。

脳ができるだけエネルギーを節約するためにはオートパイロットモードでマインドレスネスの状態が良いわけです。

マインドレスネスは人間の通常の状態によく見られる状態であり、すべてが悪いというわけではありません。前述したように、私たちはすべてを知覚できるわけではないので、脳のエネルギー節約としては大変重要なことでもあるわけです。

私たちは日常生活でさまざまな選択や決定をしています。その中には、本当の自分の思いなどを自己認識せずにマインドレスネスの状態で選択・決定しても大きな問題がない場合と、マインドレスネスで選択・決定しては問題がある場合があります。後々になって、あの時もっとしっかり自分に向き合って選択・決定していればよかったと思うこともしばしばあります。場合によっては、その時の状況と自分がつながらずに、切り離された状態でマインドレスネスになっていることに気づいてもいないこともよくあります。

また、マインドレスネスが当たり前の状態になると問題になることも出てきます。チャレンジしたり、今まで経験したことのないことに出会ったりすると、対応するのに莫大なエネルギーが必要なので、チャレンジしたり、新しいことに出会うことを避けるようになるのです。

さらに、問題解決を図らなければならない場面では、過去の失敗やうまくいかなかったこと、逆に成功したことやうまくいったことと、今起こっていることを無意識に関連付け、そこから思い込みや固定観念を生み出してしまいます。しかも、人間の脳は自分や他人のネガティブなことに反応するので、ネガティブな思い込みや固定観念が生じる可能性が高いのです。

マインドフルネス

このように、マインドレスネスの状態では自己認識が十分行われず、習慣やその時に沸き起こった感情に沿って無意識に選択・決定するようになります。

それでは、自己認識をきちんと踏まえた上で、試行したり、選択・決定したりするためにはどうしたら良いのでしょうか。そのポイントはマインドレスネスの反対の状況を作ることです。自己へ意識を向けた状態のことをマインドフルネスと呼びます。

現在のマインドフルネスを作り上げたベトナム出身の仏教者ティク・ナット・ハン師はマインドフルについて漢字の「念」という字で表現し、説明するそうです。「念」は上が「今」で、下が「心」、つまりpresent mind、「今の心」というわけです。今この一瞬に心を留めること、今ここで起こっていることをはっきり自覚し、自分の身体、感覚、感情、思考、意識で、その起こっていることをそのまま認識することなのです。それは自分勝手な判断や評価をしないで、ありのままの姿を認めることでもあります。[4] 日本マインドフルネス学会ではマインドフルネスの定義を「今、この瞬間の体験に意図的に意識を向け、評価をせずに、とらわれのない状態で、ただ観ること」としています。[5]

学期末の評価をつけるときに、締め切りに迫られ膨大なデータの処理作業に追われているときに、「こんなに機械的にやっていればいいのかな？」や「自分は子どもが成長するために評価をしたいのだけどできているかな？」といった自分の中に起こっている小さな声を意識することです。そのような声を否定したりせずに意識することができていることが、マインドフルネスなのです。

マインドフルネスの状態を作るために

マインドフルネスでは、意識が自分の心や身体に向いていることが大切です。現実の忙しさの中では先生も子どもも簡単にはマインドフルネスの状態を作ることができません。外部からの情報や刺激が私たちに影響を与え、自分の心や身体へ意識を向けにくい状況を作るからです。従って、マインドフルネス初心者ともいうべきレベルでしたら、外部からの情報や刺激に影響されない状態を作り出すことがお勧めです。できるだけ静かで、自己へ集中できる環境を作り、自分の思いや感情、身体の状態に集中できる環境を作りましょう。忙しい日々ですから、決してまとまった時間を取る必要はないと思います。一日に三~五分で構いません。一日の初めならば、今日一日をどのように過ごしたいか、どのような自分でいたいかを、外部の情報や刺激をシャットアウトして、先生も子どもも考えてみてはどうでしょうか。また、一日の終わりに、どのようであったかを振り返っても良いのではないでしょうか。筆者が関わった小学校では六年生でマインドフルネスの大切さに関するワークショップを行ったことがあります。その際、担任の先生に「週の初め、月曜日に今週をどのような自分で過ごしたいか子どもに考えさせて、週末にどうであったかを3分ずつで良いから振り返らせましょう」とお願いしました。わずかな時間でも良いので、マインドフルネス初心者は本当の自分の心と身体の声を聴くことに取り組むことが大切です。

呼吸法でマインドフルネスへ

心身の状態を自分でチェックするためには、気が昂っていたり、反対に意気消沈していたりしてはなかなかきちんとチェックができません。自分の心身へ意識を向けることができる状態を作り出す必要があります。

そのためにすぐに活用できるのが呼吸です。呼吸はただ酸素を体内に取り入れ、二酸化炭素を吐き出すためのものではありません。呼吸のリズム性のある動作は「抗ストレスの秘薬」と言われるセロトニンを分泌します。セロトニンはリラックスしたときや、落ち着いた気分の時に放出される神経伝達物質で、気分のコントロールや精神の安定に深く関わっています[6]。また、呼吸は自律神経である交感神経や副交感神経とも深い関係があります。交感神経は活発に活動する時に働き、副交感神経は体を休める時に働いています。息を吸えば交感神経が優位に働き、息を吐けば副交感神経が優位に働きます。思い出してみてください。興奮した時、恐怖を感じた時、呼吸はどうなっていますか。呼吸は浅く、短くなっていたはずです。反対に、リラックスしているとき、安心している時はどうですか。深くゆっくりした呼吸になっていたのではないでしょうか。このように呼吸は感情と深く関係しているのです[7]。

自己認識するときは、落ち着いた精神状態を作る必要があります。そのためには、副交感神経を優位に働かせる必要があるので、ゆっくり深く呼吸をするよう心がけます。ここではマインドフルな状態を作るための呼吸のワークを紹介します。

さらに、マインドフルネスができると、今ここにいる自分がどのような状態にあるのか（情報）を認識することが重要です。忙しい日々で、外側の情報や刺激に神経が昂っている状態を落ち着け、今ここにいる自分の心や身体に何が起こっているのかへ意識を向ける必要があります。呼吸法でもそれは可能ですが、もう一つレベルアップしたワークを紹介します。

＊　＊　＊　＊

【ワーク】「マインドフル呼吸法」

◎呼吸をしっかりゆっくり行うことでマインドフルネス（自己へ意識を集中している状態）を作り

ましょう。慣れてきたら五分、一〇分と時間を延ばしていきましょう。体育館などで仰向けに寝転び、このワークを行うこともできます。

①背筋を伸ばして椅子にしっかり腰掛けます。

②五秒かけて鼻から息を吸います。

③今度は一〇秒かけて口からゆっくり吐き出しましょう。

④三分間、この呼吸法で呼吸してみて、自分にどのような変化が起こったのか考えましょう。

【ワーク】「グラウンディングをやってみよう[8]」

◎呼吸法ができたら、今度はレベルアップしてマインドフルネスをしっかり味わってみましょう。人のエネルギーがうまく解放されないと脳に滞留し、不安を感じ、体調不良やうつなどにつながりやすくなります。足の裏から床（大地）へとつながっていることを意識することでエネルギーを解放します。

①まず、居心地の良い場所を探しましょう。

②目を閉じて、椅子に深くもたれかかったり、床に横たわったり、リラックスできる姿勢をとりましょう。そのときに、どのように感じられるか、身体の中で何が起こっているか味わいましょう。

③呼吸に意識を向けましょう。自分の呼吸を感じてください。そのとき、身体はどのように感じていますか。

④ゆっくりと、椅子の座面や背もたれに接触している身体の感覚に意識を向けましょう。椅子が支えてくれているのを感じてください。周囲の音や声で気が逸れてしまったら、そのことに気がついてください。そして身体と椅子に支えられているという感覚に戻ってきてください。

⑤徐々に意識を身体の下の方へ向けていきましょう。太ももから膝、膝から足首、そして足首から足の裏へ意識を移してください。足の裏と床（地面）が接触していることに意識を向けてみましょう。床に支えられていることを感じましょう。足をぐっと床に押し付けても良いでしょう。

⑥足の裏から根っこが生えていると想像してみてください。ただ心地よいと思うところに意識を置くだけでも構いません。

⑦この瞬間、自分の内側で何が起こっているでしょうか。どんな変化が起こっているでしょう。変

化を感じることができなくても大丈夫です。さらに観察を続けてください。自分の呼吸の深さ、心臓の音、筋肉の緩み具合など、何か変化に気が付きましたか。

⑧身体の内側に静けさを感じる場所は見つかりましたか。もし、見つかったらそこへ意識を向けてください。

⑨ゆっくり目を開けてみましょう。世界はどう変わりましたか。どう感じ方が変わりましたか。変化があったと感じる人は、それを表現するとしたら、どんな言葉、もしくはフレーズが浮かんできますか。

＊　＊　＊　＊

自己認識は活動のエネルギーにつながる

人間は、情報や刺激を受けると脳が活性化し、それを処理するためにエネルギーを必要とします。前述のように、それが習慣化された情報や刺激であれば、よく使う神経回路を使用するので節約モードで対応できますが、予想できていない、習慣化されていない情報や刺激であれば、かなりのエネルギーを使うことになります。つまり、外部の情報や刺激は、人間にとってエネルギー放出・消費につながり、さらに、情報や刺激が過剰である場合にはエネルギー放出・消費で注意力が落ちたり、ストレスの影響を受けたりすることになります。

一方、自己認識がきちんとできる状態であれば、活動のエネルギーが自分の中に蓄えられるという話があります。自分のありたい姿を追求したり、本当にやりたいことを思い描いたりして取り組めば、エネルギーが蓄えられるということです。自己認識によるストレス軽減や自己効力感の向上などがそのことにつながっていると考えられますが、科学的には十分証明されていないようです。

図1－2　２つの動機

外発的動機	内発的動機
報酬・昇進など、「外部」から与えられる影響で高まるモチベーションのこと	外部からの影響なしに、純粋に「楽しみたい」「やりたい」といった、内面から湧き上がるモチベーションのこと

入山章栄『世界標準の経営理論』ダイヤモンド社、p.343より作成

しかし、自己認識とモチベーションの関係から考えると、自己認識することによって活動のエネルギーが蓄えられるというのは当然のことでしょう。自己認識を深めて、自分の興味・関心のあることや、得意なことを見つけると、その領域や事柄へのモチベーションが高まります。

モチベーションはエネルギーを生み出す

モチベーションとは一般的にやる気や動機という意味で捉えられていますが、心理学や経営学では次のように捉えられています。[9]

「モチベーションとは、行動の①方向性、②活力、③持続性に、影響を与えるものである」（Atkinson, 1964, p.2.）

このように三つの要素で捉えることがモチベーション研究では一般的です。そのモチベーションを考える上で重要なのがモチベー

ションの種類です。モチベーションには大きく二つの種類があります（図1‐2）。

まず、外発的動機です。外発的動機とは報酬や昇進など、「外部」から与えられた影響で高まるモチベーションのことを意味します。

もう一つは、内発的動機です。こちらの方は外部からの影響なしに、純粋に「楽しみたい」「やりたい」といった、内面から湧き上がるモチベーションのことです。

図1−3　自己決定性と動機付けの関係

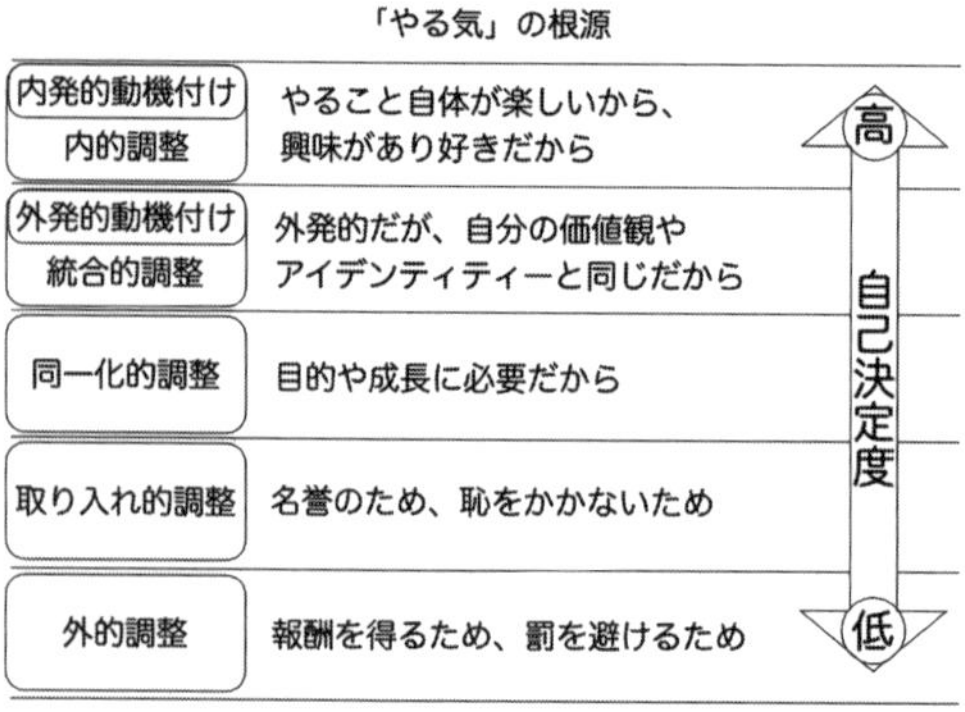

岩出雅之『常勝軍団のプリンシパル』日経BPマーケティング、2018年、p.152より作成

いずれの動機も自己認識と深く関係しています。その本人がどのようなことに興味・関心を持っているのか（興味・関心）、そして、どのようなことを得意としているか（強み）、さらに、どのようなことを大切に思っているか（価値観）、ということと密接に関係しています。これらはいずれも自己認識の結果、明らかになっていくものです。

いずれもモチベーションにはつながりますが、多くの心理学者の研究の結果、内発的動機の方が外発的動機よりもモチベーションを向上させ、継続させることがわかっています。ということは、自己認識を深く行い、より本当の自分の声に従った方がモチベーションは強力だということです。

さらに、エドワード・デシらの研究によって、自己決定性が高い方がモチベーションは強力であることもわかっています（図1‐3）。自分の心の声に従い、自分で決定していくことが最高のモチベーションを生み出す秘訣なのです。

このようにモチベーションが高まれば当然活動のエネルギーは高まるので、自己認識によってエネルギーが蓄えられるということもあながち間違いないのではないでしょうか。

没頭する経験――フロー

モチベーションが高まったことへ取り組むときに、時間が過ぎ去るのも忘れて夢中になって取り組む状態が現れることがあります。いわゆるフローの状態です。この現象を発見したのは心理学者のミハイ・チクセントミハイであることは有名です。チクセントミハイは、人間が日常のどのような場面で幸せを感じるかについて調査・研究し、その結果行き着いたのがフローでした。従って、フローの状態は、究極の幸せな状態とも言い換えることができるものです。

チクセントミハイによれば、フローを起こすには「課題とスキルの両方が高いレベルで、限界まで力を出す状況が必要[10]」です。自分が、やりがいがあると思う目標、しかもチャレンジしないと達成できない目標に、自分が持つ能力やスキルを駆使して取り組むことがフローを起こすのに必要な条件なのです。そのため、簡単にフローは起きるものではなく、条件があった特別な状況で起こることになります。

そのような「高次の意識状態」であるフローには次のような特徴があります[11]。

ゴールが明確で、進捗が即座にわかる

完全に集中している

行動と意識の融合が起きる
自己の認識や自意識を喪失する
コントロール感覚がある
時間感覚の歪みが生じる
行動そのものに本質的価値を見出している

フローに入るにはどうしたら良いか？

これを受けて、前帝京大学ラグビー部監督の岩出雅之（現帝京大学スポーツ医科学センター教授）がフローに入るための七つの条件を提示しています[12]。岩出監督といえば、大学ラグビーフットボール選手権で九連覇を達成した名監督です。現代における九連覇はまさに偉業です。その偉業を支えたものがフローに入るための七つの条件にあるようです。それは、学校においても、家庭においても子どもたちの活動のエネルギーを生み出すことへの参考になるので紹介します。

①明確な目標を定め、心理的エネルギーを集中させる
②あらゆることに成長マインドセットで取り組む
③いまのレベルより「ちょっと上」にチャレンジする
④即座のフィードバックがある
⑤大事なのは「未来」や「過去」ではなく「現在」
⑥「楽しさ」を活動の中心に置く

⑦パフォーマンス向上の天敵、「間接的動機」を少なくする

②「成長マインドセット」については、しなやかマインドセットとして第五章で述べていますので、そちらを参考にしてください。

④の「即座のフィードバックがある」は学校や家庭でなかなか実行されてないものです。何か活動をしたら、メンバー同士で相互フィードバックする習慣をつけることが成長につながります。後述しますが、自分は自分についてのすべてを知っているわけではありません。そのため、他者からのフィードバックをもらわないと成長できないのです。自分の目標に近づいているかどうかを見極めるためにも、フィードバックは即座に、メンバー同士で行うことは大切です。

そして、⑤の「現在にフォーカスする」ことも重要なことです。未来の結果に目を向けすぎて視野が狭くなったり、過去の結果を引きずったりしていては今の状況に集中しているとはいえません。フローは現在の活動に没頭している状態です。「現在」へ意識を集中することを心がけることが結果を出すことにつながります。

さらに、⑥の「楽しさを活動の中心に置く」こともパフォーマンス向上には欠かせないことです、人間が最もやる気になる、つまりモチベーションが高まるのは「楽しさ」を感じるときです。「楽しさ」は直接的動機と言われ、その中で最強のものです。学習でも学校行事でも「楽しさ」を活用しない手はないのではないか、と思うほどの要因なのです。ちなみに「楽しさ」の次にやる気につながるのは「目的」です。

最後に、⑦の「間接的動機を少なくする」です。「間接的動機」とは外的な刺激による動機を意味し、

具体的には「感情的圧力」「経済的圧力」「惰性」のことです。「感情的圧力」のわかりやすい例はプレッシャーです。プレッシャーを強く感じるとパフォーマンスを発揮することができません。そして、「経済的圧力」は賃金が下がる、罰を与えられるなどのことです。また、「惰性」は何も考えず、意識せずに学習や活動を続けることです。この三つは、「感情的圧力」▼「経済的圧力」▼「惰性」の順にパフォーマンスを引き下げる効力が増します。これらの要素をできる限り少なくすることがフローに入るための条件なのです[13]。

ここで提示されたフローに入るための七つの条件を学校や家庭で具現化するとどうなるでしょうか。今まで培ってきた教育とずいぶん様変わりすることは間違いありませんが、子どものパフォーマンス向上、そして結果につながるのであれば、岩出監督のように変える勇気を持って取り組んでいくことが必要なのではないでしょうか。そして、その取り組みは子どものウェルビーイングを達成することに他なりません。

ウェルビーイングでは他者との関係も重要

自分の心に従い、自分で決定していくことがエネルギーを生み出すとすれば、「我が道をゆく」タイプがエネルギーを持って活動できるのかという話が出てきます。「我が道をゆく」タイプというのは何事よりも自分の思いを大切にするタイプのことです。そのタイプの人の中には自分の思いばかり優先し、他者の心情や考えについて鈍感な人も結構います。果たしてウェルビーイングを達成するためには「我が道をゆく」で良いのでしょうか。

この問いに対してジョハリの窓が大変参考になります。ジョハリの窓は、アメリカの心理学者であるジョセフ・ルフェバーとハリントン・イングハムによって考えられた自己認識に役立つツールです。人間関係やコミュニケーションの理解・改善に役立つとして、現在では組織開発やリーダーシップなどで広く活用されています。その特徴は自分と他人という二軸で自己認識を行うことです。図1－4のように、自分と他人という二軸を知っている・知らないに分けて分析を行います。ここで注目して欲しいのは「自分は知らないが、他人は知っている」という盲点の窓の領域です。

図1－4　ジョハリの窓

	自分は知っている	自分は知らない
他人は知っている	開放の窓 自分も他人も知っている	盲点の窓 自分は知らないが、他人は知っている
他人は知らない	秘密の窓 自分は知っているが、他人は知らない	未知の窓 誰からもまだ知られていない

　例えば、以前、中学校のキャリア学習で強みを見つけるワークを行っているときに、次のようなことがありました。ある女子中学生に対して、グループのメンバー全員が強みとして優しさを挙げました。ところがその女子中学生は自分を優しいとまったく思っていなかったのです。その女子中学生は、筆者からのインタビューに「私、優しくなんかないのに、みんな優しいっていうのです」と答えたところ、間髪入れず、メンバー全員が「だって、あなた優しいじゃない！」と言ったのです。まさにこれは女子中学生にとって盲点の窓だったのです。この自分が知らない自分もやはり自分だということです。人間は自分についてすべてを知っていることはありません。知らない自分の面がたくさんあり、それを他人は知っ

ているとも多いわけです。

通常、開放の窓の領域が大きければ大きいほど、コミュニケーションやキャリアにおいては成功につながると言われています。つまり、自分が思っている「自分」と他人が思っている「自分」が、かなり一致しているので上手くいきやすいのです。この自分が思っている「自分」と、他人が思っている「自分」の差が大きいほどコミュニケーションが難しくなり、キャリアにおいても成功しにくくなります。自分は几帳面だと思っているが、他人は大雑把だと思っていれば、当然自分に対する見方が違うのですから、コミュニケーションやキャリアの困難さにつながり、ウェルビーイングへ近づくことはできません。

二つの自己認識

このことについて、組織心理学者であるターシャ・ユーリックが内面的自己認識（internal self-awareness）と外面的自己認識（external self-awareness）という呼び方をしています[14]。内面的自己認識（internal self-awareness）は「自分の価値観、情熱、願望、環境への適合、反応（思考、感情、態度、強み、弱みなど）、他者への影響力について、自身がいかに明確に捉えているか」ということです。

そして、外面的自己認識（external self-awareness）とは「先に挙げた諸要素について、他者が自分をどのように見ているかに関する理解」のことです。ユーリックは「要するに、自己認識とは一つだけの真実ではない。それは異なる二つの、互いに矛盾さえもする見解の、微妙なバランスなのである」と述べています。ジョハリの窓の盲点の窓から考えても内面的自己認識と外面的自己認識は完全に一致することはありませんが、その差が大きいと様々な面でうまくいかないことが多くなります。自分

図１−５　２つの自己認識

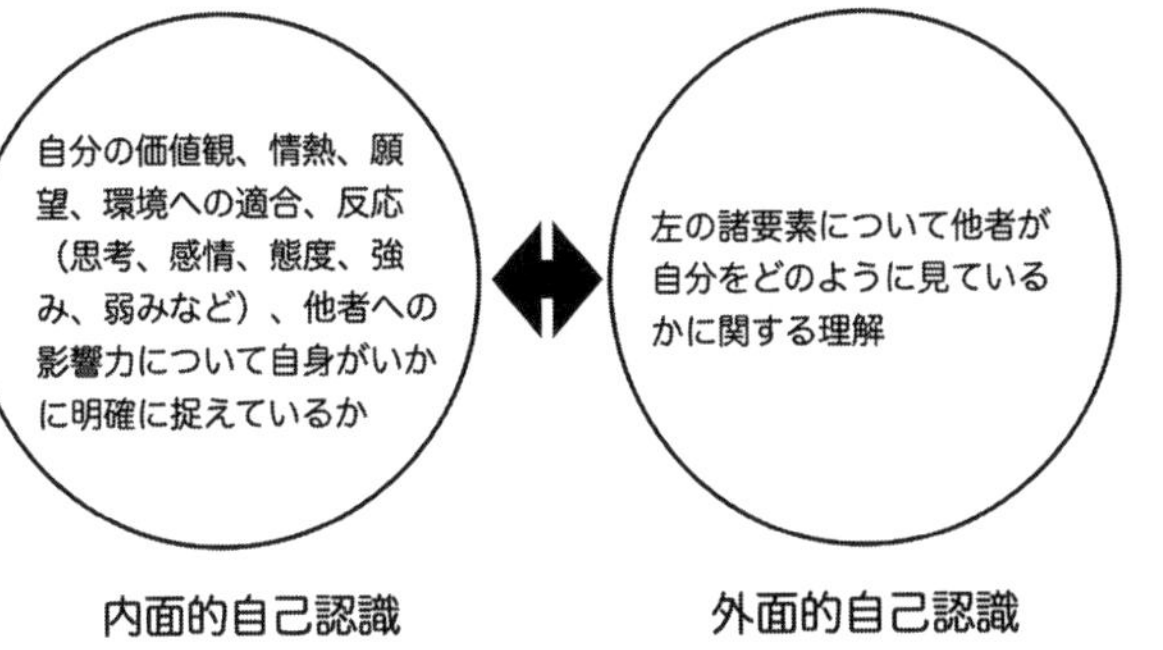

がありたい姿はこのような姿なのだけれども、果たして周りの人々から見てそのように見えているかどうかをチェックし、その差を埋める努力をすることがありたい姿に近づくことでもあるわけです。このように考えてくると、自分の周りの他者を含めた自己認識が大変重要なのです。従って、自己認識においては、外面的自己認識を含めて捉えることが大きなポイントであり、「自分の心の声に従って。自分で決める」ことは「我が道をゆく」ではなく、他者との関係の中で自分らしく生きていくということに他なりません。このことはウェルビーイングを考える上で重要な鍵を握るものではないでしょうか。

【文献】
（１）青砥瑞人『HAPPY STRESS』SB Creative、二〇二二年、二六〜三二頁
（２）ジェレミー・ハンター、稲墻聡一郎執筆協力『ドラッカー・スクールのセルフマネジメント教室』プレジデント社、二〇二〇年、一三四〜一四二頁
（３）工藤勇一・青砥瑞人『自律する子の育て方』SB新書、二〇二一年、三三〜三八頁

（4）中野民夫『学び合う場のつくり方』岩波書店、二〇一九年、一二九～一三〇頁
（5）日本マインドフルネス学会ホームページ https://mindfulness.jp.net/concept/
（6）青砥瑞人『HAPPY STRESS』SB Creative、二〇二二年、用語集
（7）青砥瑞人『HAPPY STRESS』SB Creative、二〇二二年、一六七～一六八頁
（8）ジェレミー・ハンター、稲墻聡一郎執筆協力『ドラッカー・スクールのセルフマネジメント教室』プレジデント社、二〇二〇年、六四～六五頁
（9）入山章栄『世界標準の経営理論』ダイヤモンド社、二〇二〇年、三四二頁
（10）ミハイ・チクセントミハイ、今村浩明訳『フロー体験 喜びの現象学』世界思想社、一九九六年
（11）イローナ・ボニウェル、成瀬まゆみ訳『ポジティブ心理学が1冊でわかる本』国書刊行会、二〇一五年、七六頁
（12）岩出雅之『常勝軍団のプリンシプル』日経ＢＰマーケティング、二〇一八年、一五二～一五三頁
（13）ニール・シド、リンゼイ・マクレガー、野中香方子訳『マッキンゼー流 最高の社風のつくり方』日経ＢＰマーケティング、二〇一九年、二六～三六頁
（14）ターシャ・ユーリック「自己認識を高める三つの視点」『セルフ・アウェアネス』ダイヤモンド社、二〇二一年、二一～三五頁

第2章　自分らしい強みを活かす

あなたの強みは何ですか？

「あなたの強みは何ですか？」「あなたの良さは何ですか？」と尋ねられたときに、あなたはすぐに自分の強みや良さを話すことができますか？

日頃からポジティブ心理学や自己認識を行って、自分自身を掘り下げている人なら答えることができそうですが、すぐに答えることができる人はそう多くないのではないでしょうか。特に日本人は謙虚を尊ぶ国民性もあるのか、自分のことを自分で高く評価する発言をあまりしません。それどころか、教員時代を振り返っても、多くの生徒や先生から次のような言葉を聞くことがよくありました。

「自分には良さなんてありません」
「自分は、周りの人のようにきちんとできないのです」
「私はいつも周りの人に迷惑をかけてばかりで、申し訳ないと思っています」
「私はいつもやり遂げる自信がないのです」

筆者は、現在、社会人の就労支援講座の講師もしていますが、受講者とのやり取りの中で「今まで自分のことをネガティブにしか捉えることができなかった」という相談を受けたこともあります。このようなことから考えて、一般的に私たちは強みよりも弱み（欠点や課題）にフォーカスしがちだということがわかります。私たち日本人は、どうもこの傾向が強いように感じますが、実はアメリカにおいても同様の傾向があります。次の調査結果は米国の調査会社であるギャラップ社のものですが、アメリカ人の中にも同様の傾向があることがわかります[1]。

アメリカ人の五二％が、「自分の弱みを知って改善しようとすることは、自分の強みを知り、それを軸にするよりも、人生の成功の役に立つ」と考えている

アメリカ人の親の七七％が、「子どもたちの最も成績の悪い科目にこそ、最も多くの時間と注意を注ぐべき」と答えている

弱みにフォーカスすることがすべて悪いわけではありません。自分の弱みに向き合い、改善することに努めることは、自分の成長につながります。しかし、弱みに向き合うよりも、強みを活かすことのほうがはるかに効果的に自分の成長を呼び起こします。自分の弱みに向き合うにしても、自分の強みを活かしながら、弱みに向き合い、改善していくことのほうが、効果的に、確実に成長することができます。

教育システムの問題

学校においては、生徒の良いところをお互い見つけるワークを行ったり、できるだけ多くの生徒が

活躍できるような場面を作ったりして、強みや良さを引き出していこうとしています。しかし、なかなかうまくいきません。それは一体どうしてなのでしょうか。これには次のような理由があります。

それは今までの教育システムの問題です。前著『学校が苦手な子どものためのアドラー心理学』でも述べたので、ここでは詳しく述べませんが、日本の教育システムに問題があると考えられます。今までの教育システムはモダン社会モデル、つまり近代工業モデルでした。明治時代に入り、欧米列強に対抗するために、優秀な軍隊と工場労働者を育てる必要があり、標準化・平準化を基本とした教育システムを作りました。このような教育の流れは欧米列強でも同じでした。標準化・平準化が基本ですから、できる限りスタンダードなレベルの人材を育成することが最重要だったので、強みを活かすよりも、弱み（欠点や課題）は矯正して「品質」を揃える必要があったわけです。

フィンランドのように、世界で教育が進んでいるといわれる国は、このような教育から一九九〇年代に改革を図り、転換しました。しかし、日本では、「ゆとり教育」でわかるように、社会的に批判が相次ぎ、失敗してしまったのです。

現在、我が国では戦後最大の教育改革が行われています。しかしながら、長年、近代工業モデルで教育が行われてきたことや、社会システムに根付いているために、いまだ社会の中に近代工業モデルが色濃く残っています。このようなことから、弱み（欠点や課題）を矯正することが、強みを育てたり活かしたりするよりも重要で、効果があると考える傾向が強いのです。

弱みから強みへ

このような近代工業モデルのシステムは、評価と競争ということがシステムの重要な柱になっていました。学校の教育システムも評価と競争が教育活動の重要な柱となり、評価は相対評価、テストでは順位が出されたのです。そのような教育システムの中で育った子どもは当然、他人の目を気にする、他人と比較するという行動原理を体に染み込ませていったのです。それは当然ネガティブと相性がいいのです。競争では一番以外の価値はあまり高くはありませんし、常に他者から評価されるので、いつも他人の目を気にします。学校でも、社会に出てからもそうなのですから、自己肯定感も高くなるわけがありません。

その日本も、ようやく近代工業モデルの終わりを告げようとしています。その変化について、元陸上選手で現在スポーツコメンテーターなどとして活躍している為末大さんはＳＮＳ上で次のように述べています。

「早い」「正確」「安定」という能力は機械にとって代わられ「他にない」「面白い」「共感できる」が人間の仕事になると思っています。

とても時代の変化をよく表したコメントです。このような時代になると、弱み（欠点・課題）よりも強みが重要になってきます。筆者がポジティブ心理学を学んだ一〇年間は強みという言葉が市民権を得た一〇年間ということになります。

美徳から強みを割り出したＶＩＡ

強みの研究は、ポジティブ心理学の創始者とされるマーティン・セリグマンが始めたことによりスタートします。そのため、二〇数年の研究の歴史しかありません。しかしながら、現在、非常に広く研究され、活用されているところから考えてもポジティブ心理学の最も重要なテーマであることは間違いありません。

表２−１　VIA

正義	節度	知恵と知識	超越性	人間性と愛	勇気
平等・公平	思慮深さ・慎重	向学心	審美眼	親切	勇敢
リーダーシップ	謙虚	好奇心・興味	感謝	愛する力・愛される力	勤勉性
チームワーク	自己コントロール力	判断	希望・楽観性		誠実性
		独創性	精神性		
		社会的知能	寛大		
		見通し	ユーモア・遊戯心		
			熱意		

＊島井哲志（編）『ポジティブ心理学ー21世紀の心理学の可能性』ナカニシヤ出版、p.162より作成

それでは、まず、強みとは何かを考えてみましょう。ポジティブ心理学の世界では、すでに強みに関していくつかのメジャーな定義や分類があります。ここでは、ＶＩＡ（Values in Action）とクリフトン・ストレングス（旧称ストレングス・ファインダー）を紹介します。

ＶＩＡはクリストファー・ピーターソン、マーティン・セリグマンによって開発された強みの概念と測定法です。ＶＩＡについて簡単に説明すると、二人は世界の美徳（哲学者や宗教指導者が強調している主要な普遍的特性）を得ることができる二四種類の強みを特定しました。それが表２‐１です。ご覧のように六種類の美徳のもとに二四種類の強みを特定しています。

さらに、特徴なところは、ＶＩＡでは強みと才能を区別していることです。才能は生まれながらに持っ

ているもので、自分では選んだり、育てたりできないものとされています。そして、強みが文化を超えて道徳的価値があるものとして捉えられているのに対して、才能は道徳とは無関係だとされています。[2]

また、VIAの測定尺度として、VIA-IS（Values in Action Inventory of Strengths）が開発されており、無料で測定することができます[3]（大人版、英語版だが日本語に変換できる）。一二〇問あり、十五〜二〇分程度の時間で実施できます。診断の結果トップ五になったものが自分を特徴づけるものとされ、自分らしさを説明できるものとされています。

才能を発展させた強みを特定するクリフトン・ストレングス

一方、クリフトン・ストレングスは「強みに基づく心理学の父」と呼ばれるドン・クリフトンの指揮のもと、ギャラップ社が開発しました。

診断を受けると強みとされる三四の資質のうち（表2-2）、上位の五つがレポートされます。ここまではVIAと同じように思えますが、クリフトン・ストレングスの場合、「個人の才能を客観的に測定する

表2-2　クリフトン・ストレングス34の強み

アレンジ	公平性	慎重さ	適応性
運命思考	個別化	信念	内省
回復志向	コミュニケーション	親密性	分析思考
学習欲	最上志向	成長促進	包含
活発性	自我	責任感	ポジティブ
共感性	自己確信	戦略性	未来志向
競争性	社交性	達成欲	目標志向
規律性	収集心	着想	
原点思考	指令性	調和性	

＊メアリー・レックマイヤー、古屋博子訳『子どもの「強み」の育て方』日本経済新聞出版、p.26より作成

オンラインのアセスメントで、三四の資質から、「強み」として伸びる可能性が最も高い潜在能力を特定する」とされています。

ＶＩＡが才能と強みを区別し、才能以上に強みに道徳的価値を置いているのに対し、クリフトン・ストレングスは、才能とは「思考・行動・感情の自然なパターン」のことであり、強みとは「その才能に投資（スキルや知識の獲得や、練習などに投じた時間）をして、特定の活動において常にほぼ完璧に近いパフォーマンスを出すようになった結果のこと」（図２‐１）なのです[4]。

図2－1　クリフトン・ストレングスの強み

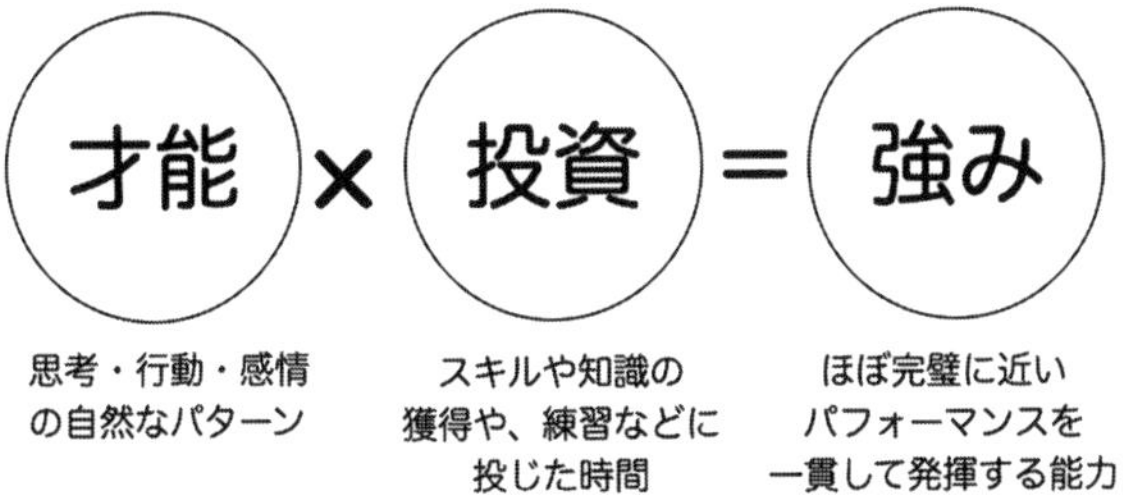

＊メアリー・レックマイヤー、古屋博子訳『子どもの「強み」の育て方』日本経済新聞出版、p.27より作成

つまり、クリフトン・ストレングスでは、強みは才能の発展系なのです。こうなってくると、ＶＩＡとクリフトン・ストレングスは強みをまったく違うものとして捉えているということになります。

また、ＶＩＡ‐ＩＳが無料で診断できるのに対して、クリフトン・ストレングスの診断を受けるためにはギャラップ社のホームページでクリフトン・ストレングスを購入し、診断を受ける必要があります。

強みを子どもたちにどう捉えさせれば良いのか

このようにポジティブ心理学の世界だけ見ても、強みをどう捉えるかは大きく違っています。それでは、私たちは子どもたちにどのように強みを捉えさせれば良いのでしょうか。それを考えるために、まず、強みを知り、活かせば、どのような効果があるのかについて考えましょう。

ポジティブ心理学の研究の結果、自分の強みを知り、それを活かせば次のような効果があることがわかっています。[5]

人生の洞察力や展望が養われる
ストレスを感じにくくなる
楽観性やレジリエンス（回復力）が生まれる
方向性が明確になる
自信や自尊心が高まる
生命力やエネルギーが高まる
幸福感や充足感が生まれる
目標を達成しやすくなる
仕事への集中が高まり、能力を発揮できるようになる

このように強みを活かせば、自分にエネルギーが満ち溢れ、成長や上達が促進され、自己効力感や自己肯定感だけでなく、パフォーマンスの向上につながることが検証されています。これを言い換えると、生活の質（ＱＯＬ）が向上するということであり、ウェルビーイングの実現に近づくことができることになります。この点から考えれば、子どもたちにとっての強みは、生活の質（ＱＯＬ）を向

上させたり、ウェルビーイングの実現に近づいたりすることができ、しかも、子どもたちが強みとして捉えやすいものが適しているのではないでしょうか。美徳に基づくかどうかや、才能を発展させたものであるかどうかは研究分野では大きな問題なのかもしれませんが、子どもたちや私たちが活用するにあたっては大きな問題ではないように思います。

ただ、強みのリストなどを作成する場合は、子どもから大人まで活用できる普遍性があった方が良いでしょう。その方が気づいていない強みに気づくことができる可能性が高いからです。

強みの範疇

また、特徴的性格ではなく、どちらかといえばＶＩＡがいうところの才能に近い「手先が器用」なども強みの中に入れて良いのではないかと思います。それは子ども本人が強みとして活用できることが最も重要だからです。

筆者は小中高生対象に行うキャリア教育の授業では強みを「得意なこと」とわかりやすい言葉に置き換えて使うこともよくあります。「得意なこと」と言えば、子どもからは「ゲーム」などとあがってきそうですが、補足の説明として特徴的な性格を主に意味するが、手先が器用や身体が強いなどを含めて良いと説明しています。参考までに最近使用している強みリストを掲載します（表２‐３）。この強みリストにすべての強みが載っているわけではなく、「ここにない強みを持っていれば、それを書き足して良い」などの説明を付け加えています。

表2－3　強み＝得意なことリスト

客観的	現実的	論理的	献身的
計画を立てる	秩序立てる	ルールを守る	倫理観が強い
約束を守る	改善する	責任感がある	秘密を守る
自信がある	行動力がある	柔軟性がある	寛容である
バイタリティがある	慎重である	大きな視点で物事を捉える	目標に向かう
新しいことを始める	現状に満足しない	人をサポートする	強みを発揮できる
言葉が巧みである	高い理想がある	物事を淡々と進める	自分で決める
人を繋げる	人に好かれる	人と知り合いになる	周りを巻き込む
ゆとりがある	人の感情を引き出す	感情を受け止める	他人の視点で考える
人の個性に気づく	人間観察ができる	人間関係を築く	人の可能性を信じる
合意点を見つける	対立を避ける	問題を解決する	質問して深掘りする
ポジティブである	好奇心がある	過去を振り返る	情報を集める
構造化して考える	複数の筋道を考える	最善の筋道を考える	未来を描く
人と平等に接する	問題を見つける	一貫性がある	生産性が高い方法で実行する
目標を達成する	伝える力がある	自分の意見を主張できる	関連性を見つける
人の長所に気づく	人の成長を応援する	懐が深い	集めた情報を役立てる

弱みにフォーカスするデメリット

強みの効果についてはポジティブ心理学の研究結果をすでに紹介しましたが、ギャラップ社の調査でも同様の結果が出ています。それだけでなく、「毎日、自分の強みに集中する機会がある人は、「生活の質（ＱＯＬ）が極めてよい」と回答する傾向が三倍以上、仕事にエンゲージする（仕事と組織に熱意を持って関わっている）傾向は六倍も高い」という結果も出ています。強みにフォーカスし、活かすことを心がければ生活や仕事へも良い効果が出るということです。

　それでは、弱みにフォーカスするデメリットについて考えてみましょう。

　何よりも弱みを克服することが、強みを活かすよりも多大な努力を必要とすることが大きな問題です。多大な努力を要するということは、その分長い時間がかかり、大きなストレスを感じることが多いということです。しかも、本人の弱み、つまり課題や欠点を見つめるということは、必要なことかもしれませんが、そこばかりを見ているとネガティブな沼に陥り、這い出ることができない可能性もあります。そのような精神状態になればうつ状態と言っても差し支えないでしょう。対応次第ではさらに深みに入り、うつ病と診断されることになるかもしれません。そうなると「自分はできない」「自分はどうせダメな人間だ」などというネガティブなメッセージが頭の中に流れ、チャレンジする勇気どころか、日常の生活さえままならない状態になることもあります。筆者の人生を振り返っても、うつ状態に至らなくとも、得意なことから目を背け、できないという思い込みを抱えて、うまくいかない人生を堪能するように生きている方に多数出会うことがありました。

弱みを克服しても強みは育たない

それに、そもそも弱みを克服しても強みにつながることはありません。

成功の反対は何でしょうか？ よく失敗と答える人がいますが、成功の反対は失敗ではありません。失敗の中には成功につながる種がたくさん転がっており、しっかり振り返ることで成功につながります。そのように考えれば、成功の反対はチャレンジしないことになるのではないでしょうか。チャレンジしなければ失敗もしないかもしれませんが、成功することはあり得ません。成功するための経験として失敗を位置付けることができれば、それは大きな意味での成功の範疇に入ると考えることもできます。

少し話がそれましたが、強みの反対は弱みだと考えがちですが、成功の反対が失敗でないように強みの反対は弱みではないのです。なぜなら、弱みをいくら克服しても強みになることはないからです。世に出ている書籍の中には「弱みを克服すれば強みになる」と主張するものがありますが、果たして本当でしょうか。そもそも弱みとは課題や欠点の類のことですから、それをいくら克服しても自分の武器である強みになることはないと思います。せいぜい弱みをフォローすることが得意であるという強みぐらいにしかつながりません。

弱みについてのエピソード

弱みについて面白いエピソードを紹介しましょう。公立中学校で教頭をやっていた一〇年ほど前に、九州全域から教頭が集まって福岡市で研究大会が開催されました。その年は全体会での講演に代えて、高校ラグビーの監督を集めてシンポジウムを行いました。壇上に上がったのは、元日本ラグビーフットボール協会会長の森重隆さん（当時は福岡高校ラグビー部監督）や、日本でも強豪校の東福岡高校監督の藤田雄一郎さんら高校ラグビー指導者数名でした。その時、フロアの教頭から「欠点をどのように指導していますか?」という質問が出ました。当時、すでにキャリアコンサルタントの資格を得て、キャリア教育を手掛けていた私は「良い質問や～」と思い、心が色めきたったのを覚えています。その時、壇上の監督が顔を見合わせた後、森さんが、藤田さんに「答えて」という目配せをすると、藤田さんが次のように答えました。

「欠点は見ないようにしています。でも、お前の欠点でチームが負けると、お前は嫌だろ。それなら調整してくれと言っています」

もちろん、一言一句正確ではないと思いますが、ほぼ、そのような意味だったと記憶しています。「欠点は見ないようにしています」と藤田さんが口にした時点で、会場が大きくどよめきました。これは人材育成の視点で見るとまったくの正論です。人材を育てる場合に、物づくりと違い、やっぱり強みを軸に育てる方がその人材の能力を遺憾なく発揮することができるのです。

弱みをいくら克服しても、世の中で言うところのスタンダードのレベル、言い換えればプラスマイナスゼロのレベルにもなることはほとんどありません。その本人が苦手で不得意としているわけですから、それは当然です。反対に強みは得意としていることなので、最低でもゼロより幾ばくかでもプラスであるものをさらに大きなプラスにしようというものです。実現可能性は弱みよりはるかに大きく、中には大化けすることもあるのです。

強みは個人内評価・弱みは相対評価

強みは、あくまでその個人の中で得意としている性格的特徴等です。つまり、個人内評価ということになります。強みは、人と比べて得意なことではなく、自分の中で得意なこと、うまくできることと捉えることが大きな特徴です。

一方、弱みは他者と比べて自分が劣っていると認識できているものがほとんどです。「あの人に比べて自分は成績が悪い」「あの人と比べると自分は不器用だ」など、そのほとんどが人と比べた結果、認識する自分の課題や欠点を弱みと呼んでいます。近代工業モデルでは常に周囲の人との競争と管理者の評価がついてまわりました。その結果、もともとネガティブに捉える傾向がある人間を弱みにフォーカスさせることを強化したのです。それが強固に染み付いているがために、弱みをネガティブと捉え、苦しんでいる人も多いわけです。

先ほどの高校ラグビー監督の話ではありませんが、弱みについては、本人の目標達成の妨げにならない程度のフォローする、もしくは調整することが大切です。しかも、人と比べたスタンダードなレベルというよりは、生活をしていくために必要最低限度のレベルを目指すことが良いと思います。それでも、発達の課題などによって、必要最低限度のレベルまでのことができない場合があります。その場合はいろんな器具や装置、道具、ＩＴの力を借りてフォローできるようにすれば良いのです。筆者は教頭時代に障がいのある子どもを就労させる特別支援学校での勤務を経験したことがあります。様々な場面で就労を意識して取り組んでいました。苦手な計算で五分かかるよりも、電卓の使い方を覚えて、計算が必要な時に電卓をさっと取り出し、一〇秒で終わる方が現実の社会では必要とされる力です。苦手なことに時間をかけてじっくり取り組むことが重要であると思われていますが、それにとらわれて実社会での生活力を失うことは避けた方がウェルビーイングに近づくことができるのではないでしょうか。

不登校状態から抜け出た女子中学生

公立中学校の教頭時代に、強みを意識することで不登校状態から抜け出すことができた例があります。ある女子中学生は一年生の時から生徒会役員として頑張っていました。二年生になって役員改選の時も、これからもみんなを引っ張っていかないといけないと思い、立候補しました。ところが、本人の予想と違い、落選してしまったのです。このことで、自信を持てなくなった女子生徒は登校することができなくなってしまいました。当時の担任は一生懸命、女子生徒を励まし、登校できるようにサポートしましたが、上手くいきませんでした。瞬く間に一か月ほど経ちました。その間、何度も本人と母親と三人で面談を行なっていました。登校できなくなった生徒を抱えたことがある先生は経験があると思いますが、最初のうちは色々と話すことがあるのですが、膠着状態に陥り、しばらくすると、先生もどのような話をしていけば良いかわからなくなってきます。

そのような時に、教頭であった筆者が、「面談しても行き詰まって、何の話をすればいいかわからなくなるでしょう。それだったら、切り替えるために、試しに強みカードで自分の強みを見つけさせたら？」というアドバイスをしました。そして強みをカードにしたものを貸して取り組んでもらいました。担任は強みカードを女子中学生に見せて、「自分の強みは何だと思う？」と尋ね、自分の強みに意識を向けさせました。同時に、母親と担任からもそれぞれから見たその子の強みをフィードバックしました。すると、女子中学生は吹っ切れたように登校するようになりました。

もちろん、不登校の状態が重くなかったことが幸いしたのだと思いますが、落選をきっかけに、ネガティブな状態に心身ともに陥っていた女子生徒が、強みへ意識を向けることでエネルギーを得て、登校できることにつながったのは間違いありません。このように強みには次の行動へつながるエネルギーを呼び起こす効果があります。

まずは先生や保護者から

これから学校や学級で使うことができるワークをいくつか紹介します。いずれも簡単なワークなので、すぐに活用できると思います。しかし、子どもたちの強みの効果を上げるために必要なことが一つあります。それは、先生や保護者自らがワークを活用して、自らの強みを理解し、活かすことです。子どもたちをウェルビーイングへ導く立場にある先生や保護者が、自らの強みを知らずして子どもたちを導くことはできません。先生や保護者が自らの強みを活かしていないのに子どもたちに活かせるようになることはありません。ぜひ、先生や保護者が率先してやってみて、自分の強みを理解し、活かせるようになりましょう。

また、このようなワークは一度やったから大丈夫というものではありません。折を見て、飽きない程度に繰り返しやっていくことで、強みを意識することができるようになるとともに、自分の強みを理解し、活かすことができるようになります。

＊　＊　＊　＊

【ワーク】「自分の強みを見つけよう」

◎三〜四人のグループで、お互いの強みを見つけて、プレゼントしましょう。

①表2‐3「強み＝得意なことリスト」を参考にして、自分の強みを三つ選びましょう。その三つに順番をつけるとともに、選んだ理由を考えましょう。

②メンバーはその人が選んだ強み以外の強みがないか考え、ある場合には教えてあげましょう。

③表2‐3「強み＝得意なことリスト」を参考にして、自分の弱みを三つ選びましょう。その三つに順番をつけるとともに、選んだ理由を考え、グループで発表しましょう。

③メンバーはその人が選んだ弱みをどのようにしてフォローしたら良いかアイデアをプレゼントしましょう。

【ワーク】「経験から強みを見つける」

◎三〜四人のグループで、個人ワークで割り出した強みや弱みを発表しましょう。話をする内容や範囲は自分で決めましょう。無理に話したくないことを話す必要はありません。

①今までに上手くいった経験を思い出してください。その時にあなたが使った強みを表2‐3「強

み＝得意なことリスト」から選び、選んだ理由も考えましょう。

② ①について、グループのメンバーに話してみましょう。

③今まで大失敗をしたなど、どん底の経験を思い出してみましょう。その状態から脱出するために、あなたが使った強みを表２-３「強み＝得意なことリスト」から選び、選んだ理由も考えましょう。

④ ③について、グループのメンバーに話してみましょう。

⑤お互い気づいていない強みがあればその人のプレゼントをしてみましょう。

【ワーク】「得意なこと探し」

◎自分が小さかった頃、得意だったことなどを思い出して、そこから強みを見つけましょう。

①あなたが小さい頃、得意だったことは何でしょうか。

②あなたが現在、得意なことは何ですか。

③あなたが努力して得意になったことは何ですか。

④　①〜③を踏まえて、あなたの強みは何だと思いますか。

【ワーク】「ポジティブ自己紹介」

◎自分が最高に上手くいったことを思い出し、その時使った強みを見つけましょう。そして、グループや学級で自分の強みを紹介する自己紹介をしてみましょう。

①今までで最高に上手くいったこと思い出し、その時に使った自分の強みを明らかにしましょう。

②それぞれ最高に上手くいった出来事とその時使った強みで自己紹介しましょう。

【ワーク】「強みを使ってみる[6]」

◎強みシートから自分の強みを一つ選び、その強みを使って挑戦しましょう。

①表2-3「強み＝得意なことリスト」から自分の強みを一つ選びましょう。例えば「行動力がある」を選んだ場合、「行動力がある」を使う方法を考えます。

②挑戦したいと考えていたことのリストを作り、そこから一つ選んでチャレンジします。ただし、チャレンジしたいことは一日〜一週間でチャレンジできることに限ります。

③そして、②で書き出したことを①で選んだ強みを使ってチャレンジします。今日一日（もしくは一週間）意識して強みを使っていきましょう。

④（一日もしくは一週間取り組んでみて）強みをどのような方法で使い、何を実行しましたか。

⑤強みを使った時にどのように感じましたか。

⑥この経験から何を学びましたか。これからどのように活かしていきたいですか。

＊　＊　＊　＊

学校の実践に取り入れるにはリーダーシップ教育で

ワークを時々やるだけでは不十分だとお考えの方は、リーダーシップ教育で強みを意識し、活かすことをお勧めします。

リーダーシップについては特定の誰か、つまりリーダーが発揮するのがリーダーシップだと捉えがちです。しかし、最近はＶＵＣＡの時代と言われる「変化が激しく、不確実で、そして複雑、しかも曖昧な時代」です。テクノロジーの進化が早いことや、ダイバーシティ＆インクルージョンが重要なことなどが特徴的ですが、中でも過去の成功体験が役に立たないことや、誰も正解を知らないことが最も特徴的なことと言えるでしょう。

このような時代にあったリーダーシップ理論として、昨今、シェアド・リーダーシップが注目されています。シェアド・リーダーシップは、別名、全員発揮型のリーダーシップと言われ、組織や集団のメンバー全員がそれぞれの強みを発揮して、チームや組織の目標達成を図るものです。

リーダーシップ教育を簡単に述べれば、図２‐２のように、経験学習型と知識・スキル型の二つの学習で構成されています。さらに経験学習型は図２‐３のように経験構築型と経験活用型の二つのタイプに分かれます。ここでは経験学習型の二つのタイプについて少し説明しましょう。

経験構築型と経験活用型

リーダーシップの定義は「職場やチームの目標を達成するために他のメンバーに及ぼす影響力[7]」とされています。経験構築型は、総合的な学習の時間などにおいて、あるテーマをもとに、それを解決するＰＢＬ（プロジェクト・ベースド・ラーニング）に取り組みながら、子どものリーダーシップを育てるやり方です。

学校での例ではありませんが、筆者は二〇二二年から公益財団法人かめのり財団が主催した「かめのり未来をつくるリーダーシッププロジェクト」の企画から講師まで務めています。このプロジェクトでは経験構築型のリーダーシップ教育を行っています[8]。二〇二二年は、事前のオンデマンド学習やオンライン研修で知識・スキル型で習得するような内容を学び、合宿研修に臨みました。合宿研修で

図2－2 リーダーシップ教育の２つの学習型

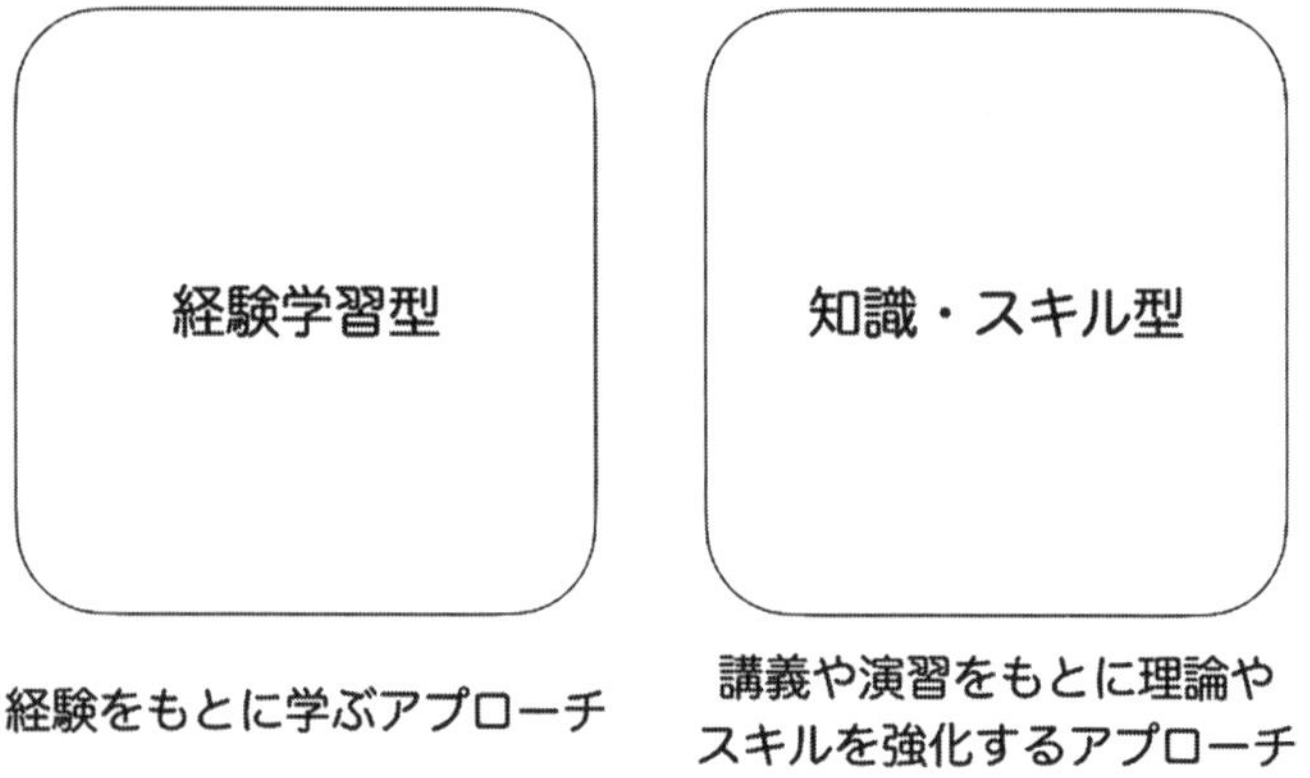

高橋俊之・舘野泰一編著『リーダーシップ教育のフロンティア 実践編』北大路書房、2019年、p.43~44より作成

図2－3　経験学習型の２つのタイプ

舘野泰一・高橋俊之編著『リーダーシップ教育のフロンティア 研究編』北大路書房、2019年、p.64~66より作成

は自分が取り組みで活かす強みを初めに明確にし、取り組みを通してその強みを意識して使います。そして、その取り組みが終わった段階で、その強みの活用についてメンバーからフィードバックをもらい、リフレクションしていくというものです。

一方、経験活用型は既存の学校行事などを活用してリーダーシップを育んでいきます。筆者が務めた小学校における取り組みが参考になります。小学校で遠足といえば、年度はじめの歓迎遠足ぐらいしか実施されなくなってきましたが、以前は登山などの遠足も行っていました。その小学校では自然教室を実施しない代わりに、五年生で登山を行なっています。小学校の先生ならもう予想できると思いますが、今時の小学生が登山を意気揚々とこなすことは難しくなっています。そこにリーダーシップ教育を埋め込んだのです。登山を迎えるにあたって「全員で登り切る」「お互い助け合って協力を深める」など学級の目標を決めます。そして、そこで発揮しようと思う自分の強み＝リーダーシップを決めて、登山に臨みます。山登りに自信がある子は「みんなを励ましながら登る」、体力に自信がない子は「遅れそうな仲間に寄り添う」など、自分らしいリーダーシップ目標を決め、それを登山で使ってみるのです。終わった段階でリーダーシップに関する相互フィードバックを行い、それをもとに振り返りを行います。ただ苦しいだけの登山が、子どもたちにとって自分の強みや良さを育む素晴らしい経験に変わります。また、筆者がキャリア教育で関わる中学校では一年生の合唱コンクールの取り組みにリーダーシップ教育を持ち込み、取り組みました。

このように、学校行事でもリーダーシップ教育を加味したものと、そうでないものでは子どもたちの取り組みの自分事化に大きく違いが生まれただけでなく、チームで取り組むために意識、能力・スキルの身につき方、モチベーションがまったく違ってきます。そのため、リーダーシップ教育が、今後、多くの学校に広がることを願っており、少しでも貢献できたらと考えています。

【文献】
(1) メアリー・レックマイヤー、古屋博子訳『子どもの「強み」の育て方』日本経済新聞出版、二〇二二年、三九頁
(2) イローナ・ボニウェル、成瀬まゆみ訳『ポジティブ心理学が1冊でわかる本』国書刊行会、二〇一五年、二一五～二一九頁
(3) The VIA Character Strengths Survey https://www.viacharacter.org/Survey/Account/Register
(4) メアリー・レックマイヤー、古屋博子訳『子どもの「強み」の育て方』日本経済新聞出版、二〇二二年、二五～二七頁
(5) イローナ・ボニウェル、成瀬まゆみ訳『ポジティブ心理学が1冊でわかる本』国書刊行会、二〇一五年、二一三～二一四頁
(6) 秋山美紀『看護師のための困難を乗り越える力』メヂカルフレンド社、二〇二〇年、一〇三～一〇四頁参照
(7) 舘野泰一・高橋俊之編著『リーダーシップ教育のフロンティア 研究編』北大路書房、二〇一八年、一〇頁
(8)「かめのり未来をつくるリーダーシッププロジェクト二〇二二」実施レポート

第3章　ポジティブ感情を上手に使う

理想の学級や職員室には笑顔がある

先生を対象としたワークショップで「理想の学級ってどのような学級ですか？」ということをお尋ねします。もちろん「できない」などと考えずに、本当に先生が思い描く理想の学級の特徴を答えていただきます。そうすると、だいたいどこでも次のような特徴が答えの中に入っています。

お互い違いを認め合える
協力できる
人の話をきちんと聞くことができる
明るく元気がある

このような理想の学級を思い浮かべたときに、その中に出てくる子どもはどのような表情をしているでしょうか。多分、ほとんどの人の想像の中には、苦虫を噛み潰したり、泣いたりしている子どもではなく、笑顔や穏やかな表情の子どもが登場しているでしょう。一言で言えば、笑顔あふれる学級です。学級がウェルビーイングな状態である時は、子どもたちだけでなく、先生の表情も自然にエネルギーに溢れています。ウェルビーイングな学級ではにこやかになるということを、先生だけでなく、保護者や地域の人、そして世の中の人は知っています。これは職員室でも同様です。

にこやかさや笑顔につながる感情とはどのようなものでしょうか。喜び、楽しさ、愉快などがすぐに浮かびますが、それらの感情をポジティブ感情と呼んでいます。ポジティブ感情研究についての第一人者であるバーバラ・フレデリクソンは、ポジティブ感情の代表的なものとして、喜び（Joy）、感謝（Gratitude）、安らぎ（Serenity）、興味（Interest）、希望（Hope）、誇り（Pride）、愉快（Amusement）、鼓舞（Inspiration）、畏敬（Awe）、愛（Love）という一〇個の感情をあげています。[1] これらの感情がにこやかさや笑顔につながっているわけです。

このようなポジティブ感情に対して、ネガテイブ感情と言われるものがあります。代表的なものが「怒り」「恐れ」「不安」などです。こちらはある意味で私たちとは非常に馴染みが深いものであり、精神分析や臨床心理の世界では治療を目的として長年研究の対象になってきた感情です。

ポジティブ感情、ネガティブ感情を上手に使ったり、コントロールしたりすること、つまりマネジメントすることがウェルビーイングを実現するための大きなポイントです。ここではポジティブ感情を中心にウェルビーイングの実現に向けてどう活かしていけば良いのかについて考えていきましょう。

ポジティブ感情は思考や行動を広げる

喜びや感謝などのポジティブ感情は何となく良いものであるということはわかりますが、いったい私たちの生活やメンタル、身体などにどのような関係があるのでしょう。

ポジティブ心理学の歴史が二〇数年であることからも推測できるように、実はポジティブ感情の効果については最近まで明らかになっていませんでした。むしろ、以前は論理的な思考を妨げるとか、長期間影響を及ぼすことはない、などとされていました。学校においても、昔からなんとなく、明るいことはいいことだけれど、集会の時に笑顔だとニヤついていると思われ注意されることもありました。つい最近、著者がキャリア教育で訪れている学校でも、授業前の体育館での整列時に、集会指導の先生から「どうしてニヤついているのだ！　ふざけるな！」と叱られている生徒がいました。ポジティブ感情がもたらす笑顔は、時には不謹慎と判断され、今でも指導の対象となってしまうことがあります。

この状況を覆したのが、先ほど登場したバーバラ・フレデリクソンです。バーバラ・フレデリクソンは研究の結果、「ポジティブ感情は、私たちの個人的な成長と発展に寄与し、長期にわたる効果をもたらす」とし、「拡張・形成理論」を打ち立てました。[2]そして、イローナ・ボニウェルは「拡張・形成理論」を受けて、ポジティブ感情の効果として次の具体例を示しています。[3]

①ポジティブ感情は、私たちの思考と行動のレパートリーを拡張する。
②ポジティブ感情は、ネガティブ感情を打ち消す。
③ポジティブ感情はレジリエンス（回復力）を高める。
④ポジティブ感情は、心理的な幅を広げる。
⑤ポジティブ感情は、上方へ向かう発展スパイラルを引き起こす。

ポジティブ感情は、私たちの視野を広げ思考を促すとともに、創造性を高め、より良い人間関係を築けるようにしてくれるということです。さらに、ポジティブ感情はレジリエンスと対応力を高める効果があり、ネガティブ感情から自分を守ったり、ネガティビティ（自己否定的な心の状態）から抜け出すことを手伝ってくれたりするのです。現在、ポジティブ心理学の世界では、バーバラ・フレデリクソンの「拡張・形成理論」は大きな理論的な柱となっています。

表3－1　感情リスト

愛	感謝	自由	畏敬
喜び	熱意	誇り	期待
楽観	愉快	希望	満足
興味	羨望	退屈	悲観
いらだち	とまどい	落胆	疑い
心配	不安	悲しみ	失望
怒り	復讐	敵意	嫉妬
疲労感	罪悪感	自己卑下	羞恥心
恐れ	憂鬱感	絶望	無気力

感情はシンプルではなく、複雑

このように感情にはポジティブ感情とネガティブ感情があります。表３‐１は筆者が日頃使用している感情リストです。感情は非常に複雑なので、感情リストの三六の感情だけでもポジティブ感情とネガティブ感情のいずれに当たるのか明確にならないものや、同じ事柄に対して、自分の中に同時にポジティブな感情とネガティブな感情の両方が湧き起こることがあるのがわかります。

どのぐらいの感情があるのかについても研究者によって答えが違います。アメリカの心理学者ロバート・プルチックは、感情の分類について図３‐１のような三次元のモデルを示しました。プルチックは基本感情として「喜び」「信頼」「恐れ」「驚き」「悲しみ」「嫌悪」「怒り」「期待」の八種類をあげており、内側から外側へ向かうにつれて感情の強度が弱くなるとしています。また、隣り合う基本感情で違う感情が生み出されるとしています。例えば「喜び」と「期待」が混ぜ合わされると「楽観」になるというわけです。さらに基本感情は一つおきや二つおきにも混ざり合うことがあり、新しい感情を生み出しているとしています。[4] プルチックのモデルを見ても、「喜び」「信頼」はポジティブ感情、「恐れ」「悲しみ」「嫌悪」「怒り」はネガティブ感情と判別できますが、「驚き」「期待」はどちらになるのでしょうか。「期待」は若干ポジティブ感情よりだと思いますが、完全にポジティブ感情とは言い切れないような気がします。もう一つの「驚き」は本当にどちらとも言えない気がします。このように感情はポジティブ感情、ネガティブ感情に二分されるものではありません。ポジティブ感情、ネガティブ感情のいずれにも分類しにくい、分類できないものがあるのです。

図3－1　感情の輪

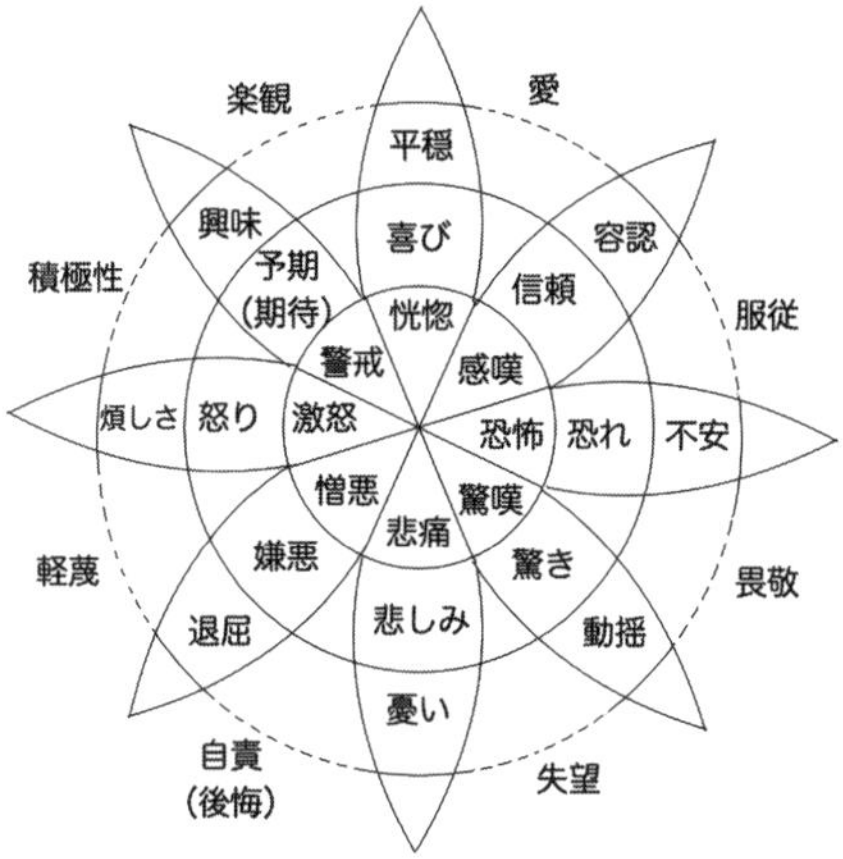

舘野泰一・安斎勇樹『パラドックス思考』ダイヤモンド社、2021年、p.64より作成

まずは自分の感情に気づくことから

感情を上手にマネジメントして学校生活や教師生活へ活かすことは、ウェルビーイング

を実現するために欠かせないことです。では、感情をマネジメントするためにまず何から取り組むと良いのでしょうか。その第一歩は自分の感情に気づいているかということです。自分の感情に気づいていない人が、他人の感情に気がつくことはありません。周りの人の気持ちを感じることができる人は、自分の感情にも気づくことができる人なのです。

そして、自分の感情に気づくことができるためには自己認識できることが前提です。教師も子どもも忙しい日常生活を過ごしていますが、今、自分がどのような感情でいるのか気づいていないことが結構多いのではないでしょうか。以前、中学生向けの感情を対象にした授業で、「この授業までに、起きてからどのような感情を感じましたか」と尋ねたときに、かなりの数の生徒がキョトンとした表情になり、時間が経っても自分がどのような感情だったのか気づくことができないことがありました。自分がどのような気持ちだったかわからないなんてと思う人もいるでしょうが、取り立てて大きな出来事でなければ振り返っても感情を思い出せないことはよくあります。

それでは、感情に気づくためにどのようなことができるのでしょう。最もお手軽にできるものはカードを使って気づかせることです。後ろの黒板に名前とカードを置くところを表にしておき、登校したら、今の自分の気持ちに合ったカードを名前の横に貼らせます。カードは表に晴、曇り、雨などをイラストで描き、裏にマグネットをつけておきます。そうすれば、現在の黒板はほとんどマグネット黒板なので、すぐに貼ることができます。お天気カードでなくても色カードでも良いでしょう。登校した時の気持ちの色は何色かと考え、合ったものを子ども自身が貼るのです。先生の場合では、出勤して職員室に入ったら貼るのです。子どもによっては、どんな気持ちと尋ねてもなかなか自分の気持ちを明確に表現することが苦手な子どももいます。そのような子どもでも、カードを選ぶことにすれば随分と考えやすいものです。

さらに、どうしてその天気なのか、どうしてその色なのかの話をする場を作ることもできます。忙しいのなら話をする場を作らなくても、気になれば友だち同士で「どうして雨なの？」と尋ねる子もいるでしょうし、先生が休み時間などに尋ねてあげても良いと思います。

そして、もう一セットカードを作っておいて、帰りに貼らせます。すると、一日で変化があったのか、そうでなかったのかが、自分でも周りでもわかります。登校時にこのようなカードを使って感情への気づきを促し、さらに帰りの会など一日の終わりの振り返りでその時の感情に気づかせます。そうすれば感情が変化していることに気づくことができ、その理由となる事柄も考えることになります。感情が一定でなく、変化していること、そして、それには理由があり、それをどう捉えたかがポイントになることに気づくことにつながります。

図3－2　お天気カード使用例

名前	Aさん	Bさん	Cさん
朝の気持ち			
帰りの気持ち			

また、筆者は前出の感情リストなどを元に図3-3のような感情カードを作っています。この感情カードを選ぶことで感情を振り返ることにすれば、さらに取り組みやすくなります。このような感情カードでいろんな感情のワークにも取り組みやすくなります。

このようなカードを自作するときにはイラストを必ず入れ

ることをお勧めします。イラストや色彩は楽しく、意欲的に学ぶことに効果があります。無料イラストなどを活用すれば、リーズナブルなものが出来上がります。筆者の感情カードは「かわいいフリー素材集 いらすとや」のものを活用させていただいています（「いらすとや」さん、ありがとうございます）。さらに、簡単な説明を入れることも使いやすさを促進します。

カードに使う用紙はL判の写真用紙（光沢紙）を使用します。小学校低学年などの場合はさらに大きな2L判の方が良いでしょう。

図3−3 感情カード（例）

このようなカード作りは使う人だけでなく、カードを作る人のワクワク感を促進するのでやってみる価値は大きいと思います。

行事や取り組みごとに感情カードを使って、自分の感情についての振り返りを行うと良いでしょう。それを繰り返すことによって、自分の感情の状態や変化に気づくことが多くなります。感情カードを使って感情に気づくことに慣れてきたら、感情カードを使わずに感情に気づくワークをやっていきましょう。

感情に名前をつける

感情に気づけるようになったら、次はその感情に名前をつけていきます。最初は表３‐１の感情リストに載っている感情名を使って構いません。もちろん、感情リストに載っていない感情名を使っても大丈夫です。感情名とはその感情を説明するのに適した名前と考えてください。

感情に気づいていることと、感情に名前をつけることの境界は明確ではありません。人間がなんかモヤモヤしていると感じていることは感情に気がついている状態なのですが、名前をつけている状態ではありません。自分の感情の動きや状態に気づくことから名前をつけることができれば、その感情がどのようなものか明確になっている証拠でしょう。なんかモヤモヤしている感情が、不安なのか、不満なのか、それとも罪悪感なのか、つけられた名前で初めてモヤモヤの正体がわかることがあります。感情名がつけられると、感情に対し、感情が湧いた当人が少しコントロールできるようになってきたということです。なんかモヤモヤの状態では、まったくつかみどころがなかったものが、感情名がついた状態では大体その感情の正体がわかってきたことになります。こうなると、その感情が湧いた当人の手の中に少し入った状態といえます。

＊　＊　＊　＊

【ワーク】「今日の感情は？」

◎今日一日の感情はどうだったか、どのような変化があったのかを振り返り、自分の感情に気づきましょう。

①今日一日を振り返って、どのようなときにどのような感情が起こりましたか。

②その感情に名前をつけるとどのような名前になりますか。

③その感情が起こったのはどうしてでしょうか。

＊　＊　＊　＊

感情にネーミングすることは外在化することにつながる

感情に名前をつけることをさらに一歩進めて、湧いてきた感情をネーミングしてみます。ネーミングはその感情に独自の名前をつけることです。例えば、「物事の先行きを気にして心を悩ます」状態を「心配」と言いますが、この「心配」の内容が試験の結果への心配であるとすれば「試験結果くん」などの名前をつけます。試験結果が心配になってきたことは「試験結果くん」が襲ってきたという具合に表現することができます。このように感情をネーミングできるようになれば、「心配」という感情はその人そのものではなく、その人の外側に置かれたものになります。ナラティブ・セラピーでいう外在化という状態です。感情が外在化できれば、その人そのものの問題ではなく、その人の外側に出現する問題として取り扱うことが可能になるので、さらにコントロールしやすくなります。

ナラティブ・セラピーでは「問題そのものを外在化」することによって「ユニークな結果」を導くオルタナティブ・ストーリーを見つけ、状況を改善していくようにします[5]。この手法は精神的なストレスを軽減するだけでなく、捉え方の転換にも役に立ちます。

＊＊＊＊

【ワーク】「今日の感情は？」（外在化版）

◎今日一日の感情はどうだったか、どのような変化があったのかを振り返り、自分の感情に気づきましょう。その感情の内容を考えて、その感情にネーミングしてみましょう。

①今日一日を振り返って、どのようなときにどのような感情が起こりましたか。

②その感情にネーミングするとどのような名前になりますか。

③その感情はどのようにあなたを困らせているのでしょうか。

④その感情があなたを困らせることを少しでも減らすにはどうしたら良いでしょうか。

＊　＊　＊　＊

感情への感度が高まり、マネジメントすることが少しできるようになったら、事例を通して感情をマネジメントする力を上げることもできます。事例は、子どもの生活に沿った事例がわかりやすくて良いでしょう。次の事例は試験結果と友達関係の事例です。子どもの生活の中にはこのような事例がたくさん埋まっています。このような事例を作って感情を客観的に捉えさせることは、感情をマネジメントするトレーニングになります。

＊　＊　＊　＊

【ワーク】「ある日のできごと」

◎次の事例を読んで、感情が現れているところを確認し、その感情に名前をつけてみましょう。

〈事例〉「ある日のできごと」

マナブくんは、今度の日曜日に、親友のオサムくんと遊びにいく計画を立てました。しばらくオサムくんと遊んでいなかったので、とても楽しみにしていました。

しかし、金曜日に、定期考査の数学の結果が返ってきました。結果は予想をはるかに下回る悪い結果でがっかりしました。お母さんからは、同じような失敗を繰り返さないために土日に遊びに行かず、しっかり、復習し直すように厳しく言われました。すぐに、オサムくんにメールしましたが、正直に理由を書くことができず、家族で出かけるようになったと書きました。自分の部屋にこもったマナブくんは、ベッドの上で「いつも、ぼくはこうなのだ！　大事なときに失敗する。だいたい、お母さんも自分に期待しすぎるんだ！　ウソをついてしまった。このままでは親友も無くしてしまう！」とふさぎこんでしまいました。マナブくんは、以前にも、同じような理由でオサムくんとの約束をすっぽかしたことがあったので、親友へ罪の意識も感じていました。

①感情を表しているところに赤線を引きましょう。どうしてそのような感情が湧いてきたのかも考えましょう。

②赤線を引いた感情に名前をつけましょう。

＊　＊　＊　＊

ポジティビティを高めるコツは意識の力を使うこと

バーバラ・フレデリクソンの研究によって、ポジティビティ（自己肯定的な心の状態）を優位な状態にするためには、ポジティブなことをネガティブなことの3倍持つことが必要なことがわかりました[6]。第4章で述べるように、黙っていればネガティブなことに反応してネガティビティ（自己否定的な心の状態）になるのですから、相当努力しなければいけません。つまり、ウェルビーイングを実現するためには、ポジティブなことを活用する必要があり、意識の力を使う必要があるのです。脳科学的に言えば、言語や理性、意識を司る大脳新皮質の力を借りてポジティビティ（自己肯定的な心の状態）を作り上げなければならないのです[7]。

そのポイントを簡単に述べれば、まず、日頃からポジティブなことへ意識を向けること、そして、日常生活の中でポジティブなことを味わうこと、さらに、悪いことの中に良いことを見つけること、つまり、捉え方を変えることです。

ポジティビティを生み出す十二の行動習慣

実際にどのような取り組みをすればウェルビーイングの状態に至るのかについて、アメリカの心理学者ソニア・リュボミアスキーは十二の行動習慣がつながると指摘しています[8]。その行動習慣は次のとおりです。

①感謝の気持ちを表す
②楽観的になる
③考えすぎない、他人と比較しない
④親切にする
⑤人間関係を育てる
⑥ストレスや悩みへの対応策を練る

⑦人を許す
⑧熱中できる活動を増やす
⑨人生の喜びを深く味わう
⑩目標達成に全力を尽くす
⑪内面的なものを大切にする
⑫身体を大切にする――瞑想と運動

十二の行動習慣について詳しくはソニア・リュボミアスキーの著書をお読みいただきたいと思います。ここでは、これらの行動習慣につながり、しかも学校で取り組みやすいワークなどをいくつか紹介したいと思います。「①感謝の気持ちを表す」から「③考えすぎない、他人と比較しない」は人生の捉え方を変えるための取り組みです。人生の捉え方を変えるためのワークとして、学校でも取り組みやすいのが「感謝日記」です。「感謝日記」はポジティブ心理学を取り扱った多くの書籍で紹介されており、感謝はポジティブ感情の中でも重要なものです。感謝についての研究者であり、作家でもあるロバート・エモンズは、感謝とは「生きていることへの驚きや有り難み、そして価値を感じること」だと述べています。ポジティブ心理学の研究では、感謝日記をつけていくと、幸福度が増し、健康状態に良い影響を及ぼすだけでなく、「感謝をよく示す人ほど、落ち込んだり、不安になったり、孤独を感じたり、嫉妬したり、ノイローゼになりにくい[9]」ということがわかっています。

＊＊＊＊

【ワーク】「感謝日記を書こう」

◎私たちは多く人から支えられたり、助けられたりしています。今、あなたが感謝していることを書き出してみましょう。

①今、あなたが感謝していることを小さなことから大きなことまで思い出してみましょう。それを三つ～五つまで書き出してみよう。

②その中で感謝をぜひ伝えたいと思ったものを直接伝えてみましょう。言葉でも、手紙でも良いので、感謝の気持ちを伝えてみましょう。

＊　＊　＊　＊

「感謝日記」は毎日行っても、週に一度行っても良いでしょう。②の直接伝えることは毎日行う必要はないかもしれませんが、時折、直接伝えることで、より一層効果が上がります。

また、この感謝のワークと同じような効果を期待できるのが、次のワーク「三つの良いこと」です。対象は感謝よりも少し広くなりますが、人生の捉え方を変えることにつながります。

＊　＊　＊　＊

【ワーク】「三つの良いことを書いてみよう」

◎毎日、寝る前に、その日に自分に起こった良いこと、上手くいったことを三つ程度書き出してみましょう。

①その日、自分にとって良いこと、上手くいったことを三つ程度書き出してみよう。できれば、それぞれの出来事にタイトルをつけましょう。

②それがどのような出来事だったのかを書きましょう。

③そして、なぜ、うまくいったのか説明を加えましょう。

④その出来事で感じたことを書きましょう。

＊　＊　＊　＊

感謝にしても、三つの良いことにしても、頭の中にあることを言葉にすることがポイントです。三つの良いことはどのような小さな良いことでも良いので、書き出すことを習慣化しましょう。

次に十二の行動習慣の「②楽観的になる」を取り上げてみましょう。これは物事の先行きを良い方に考えて心配しない、すべての可能性を信じるということです。こう書くと、非常にお気楽なように感じますが、自分に望ましい結果が手に入るだけでなく、どうやって達成できるのかというプロセスや努力をしっかり考えることを含みます。それは自分には変える力があると信じて、努力し続けることにつながることになります。そのためのワークとして「最高の自分を描く」ことが良いでしょう。最高の自分を描いて、モチベーションを高めて取り組めば、少々の問題があっても対応し、先へ進むことが生まれます。

＊＊＊＊

【ワーク】「最高の自分を描く」

◎最高の自分を描いて、その自分になるためのポイントを考えてみましょう。

①未来の最高の自分を描いてみましょう。例えば学校生活、学習、対人関係、趣味、健康など、いろいろな分野で、未来の最高の自分を描いてみましょう。

②それぞれについて未来の最高の自分になるためにはどのように状況を変えていかなければならないか考えてみましょう。

＊　＊　＊　＊

「最高の自分を描く」ときには、過去の目標達成に失敗した記憶が浮かぶことがあります。しかし、ここでは自分が「最高の自分」として想像した通りに描くことが大切です。そのことを筆者は「リミッターを外す」と言っています。自分にオートマチックにかかっている制限をしっかり外すことです。未来の最高の自分という枠を、学校生活、学習、対人関係、趣味、健康などの分野で仕切ることによって考えやすくなります。そして、「最高の自分」に向けて、今の状況をどのように変化させなければならないかを考えます。先生がこのワークを行う場合は、学校生活を仕事に置き換えて取り組むと良いでしょう。

最後に十二の行動習慣の「⑨人生の喜びを深く味わう」ためのワークを紹介しましょう。この行動習慣は過去、現在について喜びを味わうことが大きな要素です。先ほどの「最高の自分を描く」ワークは未来の要素を喜び、味わうものです。過去の要素を喜び、味わうためには過去に経験した楽しかった出来事や嬉しかったことを思い出して味わうことが良いでしょう。また、現在の要素を喜び味わうためには、今自分の身の回りにあるものや出来事に意識を向けることが大切です。

＊　＊　＊　＊

【ワーク】「自分を元気づけたり、癒してくれたりするもの」

◎自分を元気づけたり、癒してくれたりするもの、ネガティブな状況があっても、そのことやもので元気になれるものを明らかにしましょう。

①自分を元気づけたり、癒してくれたりするものを思い浮かべてみよう。

ポジティブな経験（誕生会、旅行、発表会など）

人（家族や友だちなど）

場所（家族で出かけた場所、自然、秘密の場所など）

音楽（安心させてくれる音楽、好きなアーティストなど）

ペットや動物（飼っているペット、自然の動物など）

物（思い出の写真や品物など）

その他

②書き出したものが、なぜ自分を元気づけたり、癒してくれたりするのか理由を考えてみましょう。

＊＊＊＊

これらはいわゆる「私の推し」のことです。「私の推し」とは、自分が大好きなもの、夢中になれるもののことです。私の一押し活動、つまり推し活はレジリエンスを高めます。少々ネガティブなことが起こっても、推し活により不思議にポジティブな感情がネガティブな状況から救ってくれます。これらのリソースは自分が心のバランスを崩したときに健全な状態に戻してくれる効果があるのです。学級で推し活大会を行い、自分の一押しを紹介し合うだけで、学級全体のポジティビティ（自己肯定的な心の状態）は高まります。ぜひ、一度試してみてください。

また、一つだけでなくいくつか持っていることがポジティビティ（自己肯定的な心の状態）やウェルビーイングの状態を保つことにつながります。

＊＊＊＊

【ワーク】「日常にあるものを味わう」

◎日常生活の中にある景色や色、匂いなど、自分のポジティブな感情を呼び起こすものを思い出してみましょう。

①登下校時に（もしくは散歩するとき）ポジティブな感情を呼び起こすものにどのようなものがありますか。例えば、形が面白いと思うものや穏やかな気持ちを呼び起こすものはありませんか。目にするだけでなく、五感で感じるものは何でしょう。気づいたことを書いてみましょう。

②椅子に座って目を閉じて聞こえてくる音や匂いをじっくり味わってみましょう。どのような音が聞こえましたか。どのような匂いがしましたか。

＊　＊　＊　＊

笑いが健康を促進する

ポジティブ心理学における研究の結果、ポジティブ感情を多く味わったり、いろんなことをポジティブに捉えたりする状態、いわゆるポジティビティ（自己肯定的な心の状態）を多く示す人は、そうでない人より、長ければ一〇年も長生きすることがわかっています。

先日、テレビで笑いがどのような健康効果があるのかという番組が放送されていました[10]。笑いは「愉快」「楽しい」「面白い」などのポジティブ感情から現れる表情の一つです。番組では冒頭で、二〇一九年、山形大学医学部が二〇〇九年から四〇歳以上の約二万人について二〇一七年までに亡くなったり、病気になったりした事例を分析・調査した結果、ほとんど笑わない人はよく笑う人より死亡率が約二倍、心血管疾患の発症率も高いという結果が紹介されました。驚きでした。多少の違いはあると思っていても、笑いだけでこれだけの差があるとは笑いの力を侮ることはできません。

さらに番組では笑うと頭の中が空っぽになってリセットできる、つまりスッキリする脳内リセット効果があるとした上で、健康効果として次の三つを紹介していました。

ストレス解消
有酸素運動
認知症予防

笑うと一時的に交感神経が優位になりますが、その後、急速に副交感神経が優位になっていきます。よく笑う人は副交感神経が大幅に優位になるのに対して、あまり笑わない人はそこまで優位になりません。つまり、よく笑う人はリラックス効果が高く、ストレス解消につながるのです。また、唾液中に含まれるアミラーゼという酵素はストレスを強く感じると増えるのですが、よく笑う人の方が、分泌が少なくなります。さらに、声を出して笑うと、その時間と同じぐらい散歩しているのと同じ有酸素運動としての効果があるだけでなく、腹筋が鍛えられるのです。確かに、皆さんも笑いすぎてお腹が痛くなったことが一度や二度はあると思いますが、声に出して笑うと腹筋が鍛えられているということです。そして、よく笑う人は人との接点が多くなり、周りのサポートを受けやすくなる傾向があります。そのことが認知症予防につながるということでした。

この番組は大手医薬品メーカーがスポンサーを務めており、専門家の医師が研究結果を踏まえて健康についてレクチャーする番組なので、内容はかなり信憑性が高いと考えて良いと思います。笑いだけでもこれだけの健康効果が期待できるのです。そう考えると、笑顔あふれる教室や職員室は健康効果が高いエリアだということになります。

【文献】

(1) バーバラ・フレデリクソン、高橋由紀子訳『ポジティブな人だけがうまくいく３：１の法則』日本実業出版社、二〇一三年、七〇～八八頁

(2) バーバラ・フレデリクソン、高橋由紀子訳『ポジティブな人だけがうまくいく３：１の法則』日本実業出版社、二〇一三年、四六～四七頁

(3) イローナ・ボニウェル、成瀬まゆみ訳『ポジティブ心理学が1冊でわかる本』国書刊行会、二〇一五年、三六～三八頁

(4) 舘野泰一・安斎勇樹『パラドックス思考』ダイヤモンド社、二〇二三年、六二～六五頁

(5) 野口裕二『物語としてのケア』医学書院、二〇一八年、六九～八三頁

(6) バーバラ・フレデリクソン、高橋由紀子訳『ポジティブな人だけがうまくいく３：１の法則』日本実業出版社、二〇一三年、一七二～一七三頁

(7) 青砥瑞人『HAPPY STRESS』SB Creative、二〇二一年、四九～五一頁

(8) ソニア・リュボミアスキー、金井真弓訳、渡辺誠監修『幸せがずっと続く12の行動習慣』日本実業出版社、二〇一三年

(9) ソニア・リュボミアスキー、金井真弓訳、渡辺誠監修『幸せがずっと続く12の行動習慣』日本実業出版社、二〇一三年、九七頁

（10）ＣＢＣ制作『健康カプセル！ゲンキの時間』「笑いがもたらす健康効果」、二〇二三年三月二六日放送

第4章　ネガティブ感情をコントロールする

経験から生まれるネガティブ感情

生まれたばかりの赤ちゃんを想像してください。まるで天使のような笑顔を振りまき、ネガティブ感情に苛まれているような表情を見せることはありません。「いや、赤ちゃんも泣くでしょう?」という方もいますが、赤ちゃんが泣くのはネガティブ感情に苛まれて泣くのではなく、単にお腹が空いた、オムツが濡れて気持ち悪いなどを表現しているだけであり、決して悲しいから、虚しいから泣いているわけではありません。このように人間は生まれたての頃にはネガティブ感情は持ち合わせていないと言われています。ということは、人間は成長していく中で様々な経験を経てネガティブ感情が湧き始めるということなのです。

特に経験の中でもネガティブ感情に大きな影響を与えているのが失敗の経験です。小さな失敗が積み重なってネガティビティ（自己否定的な心の状態）になることもありますが、大きな失敗をしてしまうと自責の念が絶えず起こり、場合によってはパニックを起こして思考停止状態に陥ることもあります。

こうなると不安、罪悪感、憂鬱感などのネガティブ感情がはびこってしまいます。さらに、それが続くようになると、無気力、無関心な状態に陥ってしまうこともあります。ポジティブ心理学の創始者でもあるマーティン・セリグマンは「学習性無力感」についての研究で有名な学者です[1]。「学習性無力感」とは、ストレスを避けることのできない状態に継続的に置かれると、抵抗することさえしなくなることです。無気力・無関心の状態、「何をやっても無駄」「何をやっても意味がない」状態になり、何もやらなくなるのです。

失敗にも色々ある

失敗の経験がネガティブ感情につながると述べると、失敗することそのものをなくせば良いのではないかと考える人が出てきます。果たして、それは正しいのでしょうか。

筆者の考えでは、それは望ましいことではないと思います。なぜなら、ネガティブ感情をなくすために、失敗をなくすことを目指せば、チャレンジすることを失う可能性が高いからです。私たちの学びや成長は変化することなので、チャレンジしなければ、学ぶこと、成長することはできません。

それではどのように考えたら良いのでしょうか。そのヒントを心理的安全性で有名になったエイミー・C・エドモンドソンが教えてくれています。エイミー・C・エドモンドソンは著書の中で失敗の種類について次のように述べています[2]。

1　防ぐことのできる失敗――十分に理解された領域でのプロセスからの逸脱。行動、スキル、あるいは支援の不足が原因で起きるのが普通である。

2　複雑な失敗――プロセスまたはシステムの故障。内在する不確実性によって起きる。そうした故障は、結果として起きる事故を防止できるタイミングで認識されるかもしれないし、認識されないかもしれない。

3　知的な失敗――失敗に終わった試み。意義ある実験の一部として起きるものであり、新しい貴重な情報やデータを提供する。

1は読んで字の如く、防ぐことができる失敗です。ミスや準備不足で起こる失敗なので防ぐことができ、ネガティブ感情の点から言えば防ぐ必要がある失敗だということです。

次に、2は防ぐことができない失敗です。言い方を変えれば、避け難い失敗です。この失敗を悪いものとして捉えるのではなく、複雑なシステムである以上やむを得ない面があるとエイミー・C・エドモンドソンは言っています。

最後に3です。この知的な失敗は、成長を目指してチャレンジした時に起こるものです。失敗から学ぶためにも必要以上に敬遠する必要がないものです。

以上のように考えると、1は極力避けるようにし、3は恐れずにチャレンジしていくことが大切になってきます。ネガテイブ感情の点から考えても、捉え方さえきちんとしていれば、2、3はネガティブ感情につながりにくいことは想像できます。私たちが失敗してネガティブ感情に苛まれるケースはその内容を精査するとほとんどが1なのです。

たとえ1の失敗であったとしても、そのことによってネガティブ感情が湧き、自己肯定感や自己効力感が薄れてネガティビティ（自己否定的な心の状態）になることには問題があります。

ネガティブ感情は思考や行動を制限する

長年のネガティブ感情やネガティビティ（自己否定的な心の状態）についての研究の結果、ネガティブ感情が次のようなことにつながることが明らかになっています[3]。

不安や怒りなどは特定の行動を誘発する

ネガティブ感情は私たちの活動のオプションを減らし、実際の行動を狭める

図４－１　ネガティブ感情と特定の行動

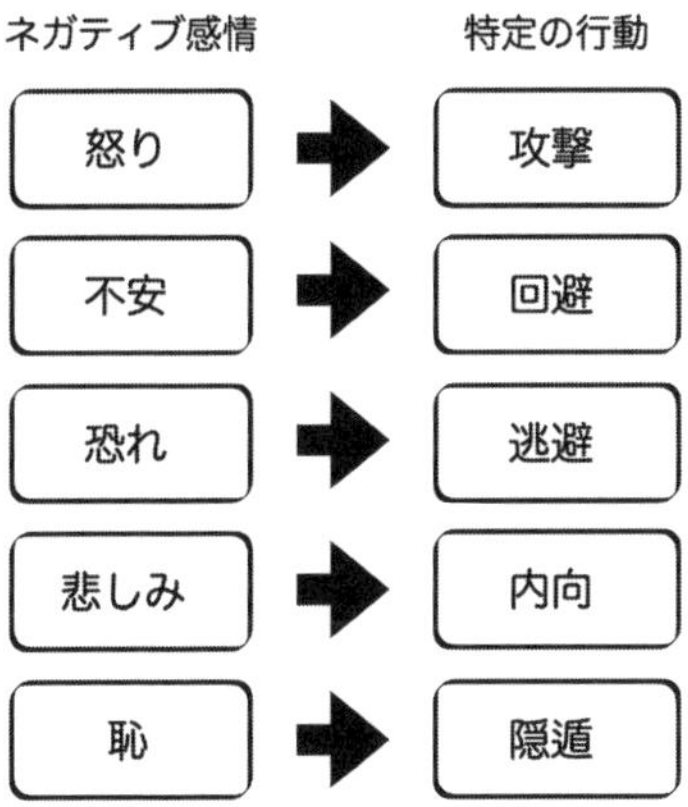

久世浩司『親子で育てる折れない心』実業之日本社、2014年、p.107より作成

一言で言えば、「ネガティビティは、考えを支配し、判断を左右する」ということです。怒りに満ちているときは、エネルギーは沸きますが、怒りの原点となった出来事や人物が頭から離れることはありません。また、悲しみに打ちひしがれているときは、涙に溢れ、同じ光景が何度も何度も現れてくることがあります。このように、ネガティブ感情のレベル次第では思考も行動も極端に狭まることになります。

学校現場においてもネガティブ感情に苛まれた状態の子どもに向き合うことがあります。そのときの様子を思い起こしてみましょう。不安や心配、罪悪感などのネガティブ感情の場合は、顔は生気

がなく、うつむき加減で、行動もどちらかとゆっくりです。ネガティブ感情に支配されているために、次のステップに進んだ方がいいことを頭で理解できても、繰り返し思い出してネガティブな感情が何度も襲ってきます。そのため、ネガティブの沼に足を取られているような状態になり、実際に行動ができないことがほとんどです。

一方、怒りなどのネガティブ感情に苛まれている場合には、動きは早いものの、同じ言葉を繰り返し強く吐き、場合によってはものを壊したり、人へ暴力を振るったりするケースもあります。これもネガティブの沼にはまり込み、動けなくなっているのです。このようにネガティブな沼にどっぷりはまり込んでしまった状態は、ネガティブスパイラルから抜け出せない状態なのです。

いずれのケースでも、ある特定の行動を取り、思考や行動の選択の幅が極端に狭くなります。これは子どもに限ったことではなく、大人である先生や保護者の場合も同様です。

ネガティブ感情は必要なのか？

そのような厄介な特徴があるネガティブ感情はなぜ生まれたのでしょう。その謎を解くためには、原始時代に遡らなければなりません。

原始時代、いわゆる人間の祖先が生まれた時代には、私たちの祖先は狩猟生活でした。自分たちよりも何倍も体の大きな動物や猛獣を、集団で狩りをして暮らしていたことは皆さんもご存知でしょう。私たちの祖先が集団で狩りをしていたということは、私たちの祖先一人では動物を狩ることはできなかったということです。それは一対一で動物と対峙することは、ある意味でとても危険であったということです。おそらく一対一で対峙すれば怪我をするだけでなく、命を落とすことも多々あったのでしょう。

そのような危険を回避するためには、事態を素早く察知して、危険信号を脳へ送ることが大切になってきます。私たちの脳はその危険信号を察知すると、ネガティブ感情が生まれる仕組みになっているのです。このように、ネガティブ感情の歴史は原始時代には始まっており、私たちの脳はネガティブなことを見つけると、ネガティブ感情を湧き起こし、素早く対応するプログラムを備えたわけです。いわゆるFight or Flight反応と呼ばれるものです。恐怖を感じればすぐに逃げるか、もしくは怒りを感じれば戦ったわけです。

厄介な特徴を持つネガティブ感情ですが、人間の進化の歴史から見れば、そのネガティブ感情のおかげで、人間は進化の適応力を高め、生き残ってきたことになります。従って、ネガティブ感情は厄介なので必要ではないというものではなく、長い歴史から見ればとても必要な、大切な感情なのです。しかし、ネガティブ感情が過剰なものであったり、継続的なものであったりすると、ネガティブ感情の負の効果が大きくなり、ネガティブな沼から抜け出せなくなることがあります。

脳にはエラー検知機能がある

また、脳科学の点からもネガティブ感情が生まれるわけは説明できます。脳科学者の青砥瑞人は、脳の三大原則の一つとして「人は本来、ネガティブ思考が作動しやすい」と述べ、次のように説明しています[4]。

> ３つ目の大原則は人間の脳が本来的に持っている、自己否定に陥りやすい特性です。私たちは普

段の生活でもよく「あの人はネガティブ思考だ。この人はポジティブ思考だ」と言いますが、人間は本来ネガティブ思考になりやすいのです。

自己否定に陥りやすい大きな理由は2つあり、そのひとつは脳に備わっている「エラー検知機能」です。後ほど説明しますが、脳の前頭前皮質のある特定部分は「外部のエラー検知機能」を担っており、計算ミスや誤字脱字などのエラーを検知するだけでなく、他人の欠点や弱点を見抜く機能を備えています。

また、前頭前皮質とは別の前帯状皮質と呼ばれる脳の部位は「自分のエラー検知機能」があります。こちらは自分の欠点や弱み、自分の中での異変に注意を向けさせることで生存確率を上げようとする先天的な機能です。

（中略）

自己否定に陥りやすいもう一つの原因が、人間の記憶の引き出し方です。人が前頭前皮質で意思決定をするとき、過去の情報を引き出しながら総合的に判断するという処理をしています。そのときに使うデータとして、人はポジティブな記憶よりもネガティブな記憶を思い出してしまう傾向があります。

ざっくりと言ってしまえば、人は他人の弱みだけでなく、自分の弱みも本能的に見つけるということです。それでは、他人や自分の強みを本能的に見つけることはできないのかということになりますが、青砥瑞人によれば、その機能はまだ発見されていないということです。「え〜！」と驚かれた方もいると思いますが、人間はそもそもネガティブに他人や自分を捉える生き物だということです。しかも、記憶を思い出すときにはネガティブな記憶を思い出しやすいのですから困ったものです。

セミナーなどで「私は今まで自分のことをネガティブにしか捉えることができませんでした」という声を聞くことがあることは述べましたが、前述のような理由から、最近では「いや〜それは人間らしい生き方なのですよ。そもそも人間はネガティブに捉える傾向を持って生まれてきているのです」とお答えするようになりました。

人間はもともとネガティブに捉えやすいのですから、放っておくとすぐに弱みにフォーカスしがちになります。そのことは人間の幸せや成長に対して、効果的に働かないことも多いのです（むしろ、効果的に働かないことの方が多い）。従って、レジリエンスという観点からはポジティブ感情も大切ですが、それ以上に、自分たちをネガティブの沼に陥れる可能性があるネガティブ感情にどのように対応するのかが、より重要になってきます。

ネガティブ感情はポジティブ感情より強い

これまで述べたようにネガティブ感情はしつこく、私たちの行動に制限を加えます。それに対してポジティブ感情は感じると良い気持ちにはなりますが、ネガティブ感情のように長く残らず、認識しにくい傾向があります。これは、前述したように、脳に自他に対するエラー検知機能があることが大きな理由の一つです。

また、もう一つ大脳辺縁系の働きから考えられる大きな理由があります。大脳辺縁系は感情や記憶、自律神経などを司り、原始時代の頃から現代までそれほど大きく発達しなかった脳です。すでに原始時代には現在の機能と変わらない働きをしていました。そのため、旧脳や、爬虫類脳などと呼ばれることがあります。それに比べて、大脳新皮質は言語や理性、意識などを司ります。人類の祖先の頃に比べると大変発達した脳であり、新脳とも呼ばれます。

大脳辺縁系の中に扁桃体と海馬という重要な働きをする部位があります。扁桃体は感情を司り、海馬にはワーキングメモリーとしての機能があります。ワーキングメモリーは短期記憶を司る機能で、記憶の作業台のような働きがあります。そして、様々な経験は扁桃体に感情記憶として保存されるとともに、海馬にエピソード記憶として同時に保存されます[5]。

私たちの脳にはエラー検知機能があるため、ネガティビティ・バイアスを持ち合わせています。ネガティビティ・バイアスとは、一言で言えば偏見のことです。そのネガティビティ・バイアスにより、脳に持ち込まれる情報がネガティブに偏ることで、扁桃体に書き込まれる記憶にネガティブなものが多くなるのです。これが、ネガティブ感情がポジティブ感情より強く意識される大きな理由なのです。

バーバラ・フレデリクソンがポジティビティ（自己肯定的な心の状態）を保つためには、ポジティブなことがネガティブなことの三倍必要だと主張しましたが、その大きな原因はここにあるのです。ネガティブなことに目を向けたり、味わったりすることの三倍以上、ポジティブなことに目を向けたり、味わったりしなければ人間はより良い方向へいかない、つまりウェルビーイングを達成することができないのです。

＊　＊　＊　＊

【ワーク】「ネガティブな感情に気づく」

◎まず、ポジティブ感情と同じように、ネガティブ感情に気づくことが大切です。ネガティブ感情が起こった出来事は何なのか、なぜ、そのようなネガティブ感情が起こったのか書き出してみましょう。

①ネガティブ感情が起こった出来事を書き出しましょう。

② ①で起こったネガティブ感情はどのようなものでしたか。いくつかある場合はすべて書き出してみましょう。

③ ②のネガティブ感情が起こったきっかけを①の出来事の中から探してみよう（具体的なきっかけをはっきりさせる）。

＊　＊　＊　＊

ネガティブ感情も味わうことが大切

私たちは、放っておくと私たちをネガティブの沼に引きずり込むネガティブ感情へどのように対応したら良いのでしょう。

まず、ネガティブ感情を味わうことから始めましょう。ネガティブ感情は進化の観点から重要であり、脳の働きの結果として生まれるものです。従って、ネガティブ感情を全面的に「ネガティブ感情を持ってはいけない」「ネガティブな人間なんてダメだ」と否定することはあまりお勧めできません。ネガティブ感情に気づいたら、それをじっくり受け止め、その感情がどうして湧いてくるのか味わってみましょう。ネガティブ感情を味わうことができれば、その感情の原因を探ることができます。

感情の原因を探る

あなたの学級に、提出物をなかなか期限通りに出さない子どもがいたとします。とても大切な提出物でも遅れがちです。その子どもが大切な提出物を出さない時に、あなたはイライラして「早く出してよ！」と怒りを爆発させるかもしれません。怒りはネガティブ感情の代表的なものですが、それはどのような原因で起こったのでしょうか？

実は怒りの原因は「自分が所有しているものや権利が奪われたこと」なのです。大切な提出物を出さない子どもに対して「とても忙しいのに、この子が出してくれないから仕事が進まない！　私の大切な時間がなくなってしまう」と感じているのです。

実際、著者が教員時代に提出物をきちんと出さなかった子どもに対して「自分の貴重な時間が無駄になったじゃないか！　どうしてくれるのだ！」と大きな声で叱っていたことがあります。学校の先生だけでなく、保護者としても自

図4－2　ネガティブ感情の原因

ネガティブ感情	原因
怒り	・自分の所有物や権利が奪われた時 ・他者の反モラル的な行動を目撃した時
不安	・将来起こる出来事のネガティブな予想 ・先行きが不透明な時
恐れ	・目の前の切迫した脅威にさらされたとき ・身の危険や心理的な傷のリスクがあるとき
悲しみ	・自分にとって大切な何かを喪失したとき
恥	・他者から批判を受けたとき ・ネガティブな評価で社会的立場を失ったとき

久世浩司『親子で育てる折れない心』実業之日本社、2014年、p.110より作成

分の子どもに同様の苛立ちを感じ、怒りを爆発させた方も多いのではないでしょうか。
このようにネガティブ感情には原因があります。そして、その原因はネガティブ感情の意味を表しています。

保護者であれば、試験が近いのに子どもが勉強に集中していない姿を見て「このように勉強に集中せずに遊んでいるけど、試験の結果がどのようになるのだろう」というネガティブ感情を抱くこともあるのではないでしょうか。このような不安や心配という感情は「将来起こる出来事に対してネガティブな予想をしたとき」に生まれます。この不安や心配を引き金にして、怒りが爆発することもあります。

ネガティブ感情をしっかり味わうことは、ネガティブ感情を受け止めて、その感情の原因を探り、意味を見つけることなのです。ネガティブ感情の意味を見つけた時には、ネガティブ沼に引きずり込まれる心配が少し減ってきます。ネガティブ感情はモヤモヤして正体がわからない時に大きな力を持ちますが、その輪郭が見え、意味がわかってくると、少しコントロールできる状態になります。

そう考えると、ネガティブ感情の意味を見つける、もっとドラマチックに言えば正体を暴くことはとても重要なことです。

厄介なネガティブな沼

ネガティブな沼は一旦はまってしまうとなかなか抜け出すことが容易ではありません。筆者はもともと、ネガティブ感情への対応は不得意ではありませんでした。さらにポジティブ心理学を学んだこともあり、ネガティブな沼にはまり込むことはほとんどありませんでした。しかし、学校勤務時代に、一度ネガティブな沼にはまり込んでしまったことがあります。ネガティブスパイラルに落ち、そこから抜け出せないのです。同じ言葉や情景が繰り返し登場し、ネガティブ感情が連日襲ってきました。もちろん、その状態では精神的にも身体的にも、そして仕事的にも影響が出ますので、ポジティブ心理学で学んだいろいろなスキルを使って脱出しようとしますが、思うようにできないのです。

原因は人事異動でした。筆者の管理職経験は特別支援学校がスタートでした。当時、キャリアについて学び始め、資格を取得したこともあり、最初の教頭としての勤務は、軽度の知的障害がある子どもを就労させる特別支援学校でした。その頃は、教育委員会の方からも「皆さんに特別支援教育を通常学校で活かせるようにするために行っていただくのです」と言われ、それなりに意識して務めました。その後、中学校に戻りました。その際、特別支援教育を一つのテーマとして取り組んだのは当然です。しかし、三年後、今度は小学校の教頭として異動を命じられました。ほとんどの管理職が異校種（中学校なら小学校や特別支援学校）へ異動することがありません。しかも、すでに特別支援学校での経験をしているのですから頭の中は「何故何故？」の状態です。

それから、三ヶ月ほど、「自分はどう思われているのか（評価されているのか）」「何故自分だけこのような仕打ちを受けなければならないのか？」など、ネガティブな言葉と感情が頭を渦巻いていました。本当に苦しい時期でした。この話を知人にすると、日頃の筆者から想像もできないことなので大抵ビックリされます。

このようにネガティブな沼にはまってしまうと、日頃、感情のコントロールが上手な人でも、毎日が辛く、苦しいものになります。時にはうつ状態、そしてうつ病へと進んでいくことも少なくありません。

学校は多様で、複雑な人間関係を無くしては存在しません。その分人間関係からのストレスも大きいということです。筆者が学んでいるアドラー心理学の基本理論と呼ばれるものの一つに、人間関係論（社会統合論）があります。その人間関係論の中で、アドラーは「人間は社会的な生き物であり、悩みや問題には必ず相手方が存在する」と言いました。つまり、悩みや問題は人間関係から生まれると言っても過言ではないのです。

筆者が、学校で出会った先生で、子どもや保護者との関係から、ネガティブな沼にはまってしまった人の数は少なくありません。まして、子どもは精神的に純粋な強さを持っていますが、人間関係に関する経験が少ないため、社会的な強さ（人間関係における強さ）は決して強くはありません。そのため、友達や保護者、そして、先生との関係で、ネガティブな沼にはまっている子どもにはもっと多く出会ってきました。皆さんも同様ではないでしょうか。

そうであれば、ネガティブな沼から抜け出す方法を知っておくことはウェルビーイングな状態で生きるために欠かせないことになります。

ネガティブな沼から抜け出すには？

ネガティブな沼に引きずり込まれないための第一歩は、ネガティブ感情に気づくことです。そして原因を探り、そのネガティブ感情の意味を見つけましょう。

それと同時に、できる限り早い段階で（ネガティブ感情が小さい段階で）、ネガティブ感情を減らすことがポイントです。ネガティブ感情を消し去ることができれば良いと思いますが、ネガティブ感情には意味があり、味わうことも重要であることはすでに述べました。消し去ることを意識しすぎてネガティブ感情は悪であるとすることにも問題があります。

しかし、そのままにしていてはネガティブな沼にはまる危険性があるので、減らしていく、軽くしていくことがベストでしょう。

そのための効果的な方法が気晴らしです。ネガティブ感情が反芻して、ネガティブな沼にはまり込む前に、気晴らしをして、はまり込まないようにしましょう。ネガティブ感情を感じたら、できればすぐに、すぐにできなければ、その日のうちに気晴らしをして、ネガティブ感情を減らしていくことがお勧めです。

気晴らしの方法としては次のような方法が効果的だとされています。[6]

運動
音楽
呼吸・リラクゼーション
筆記

これらの方法を学校で意識して用いてネガティブ感情を上手に使えるようにしていきましょう。

運動でストレスを晴らす

ネガティブ感情を減らすために効果的な方法の一つが、ランニング、水泳、バスケットボール、サッカーなどの有酸素運動です。学校ではドッチボールや鬼ごっこ、ダンスなども良いでしょう。

これらの運動系が、ネガティブ感情を減らすことに有効な理由は大きく二つあります。

まず、ホルモンの関係から見ると、体を動かす、運動することによって脳内に「天然の妙薬」と呼ばれるβエンドルフィンが分泌されることです。このβエンドルフィンはうつ病の症状の改善に効果があることがわかっていますが、それ以外にも次のような効果があります。

糖尿病や大腸がんなどの病気を予防する効果がある
骨や筋肉、リンパを強くすることでＱＯＬ（生活の質）を向上させる
睡眠を改善させる
肥満防止になる
ウォーキングなど体の負担が少ない有酸素運動は、自信を回復させ、しかもその効果は五年間も長続きする
大脳皮質の前頭葉（思考や抽象化、哲理を考える）の高機能な部分が活性化される
より多くの血液を脳内に循環させ、脳卒中の防止になる
ＢＤＦＮという成長要因を増やし、脳内神経物質であるニューロンを健康に保つ
ニューロジェネシス（つまり新しい脳内神経細胞）の生成を促し、脳が若く、元気になることを助ける

もう一つは、脳の神経回路の点からです。
脳には一千億個のニューロン（神経細胞）があり、それがシナプスで結びついています。何回もたくさん使う神経細胞は、神経細胞同士が結びついた軸索を覆っているミリエン鞘という部分が太くな

り、少ないエネルギーで情報がしっかりと伝達されるようになっています。ネガティブ感情が湧くことは、ネガティブ感情が湧くための神経回路を使っていることになります。従って、その神経回路を使わず、他の神経回路を使うことでネガティブ感情を減らすことができます[7]。そのためには、能動的に他の神経回路を使うことが求められます。わかりやすく言えば、意識して運動に取り組むことです。同じ運動でも、ルーティンで取り組むような運動よりも、いつもとは違う運動に、意識して取り組むことが良いでしょう。さらに、負荷がちょっとかかるようなもの、その運動へ意識を集中しないとできないもののほうがより効果を発揮します。

ちなみに、使われない神経回路は、エネルギーを節約するために勝手に切られていきます。切れている神経回路をつなぐ時には（今までやっていなかったことをやったり、学んでいなかったことを学んだりした時）莫大なエネルギーを使います。その時に、私たちには大きなストレスがかかったり、疲れたりするのです。今までと違う取り組みをした時、今までと違うことを学んだ時に疲れを感じるのは当然の結果ということになります。

このように見てみると、運動はネガティブ感情を減らすために大変効果があるだけでなく、ウェルビーイングな生活、つまり、「精神的にも、身体的にも、社会的にも幸福な状態」のためには欠かせないものだということがわかります。

やってこなかった宿題を昼休みに教室でやるよりは、昼休みに思いっきり体を使って遊んだ方が、ウェルビーイングに近づくことができるようです。学校でのウェルビーイングを実現するためには屋外屋内問わず、運動できる、体を動かせる環境と意識づくりが一つのポイントになるかもしれません。

音楽で好きな世界に浸る

二つ目は音楽です。音楽を聴く、歌を歌う、楽器を演奏することのすべてを含みます。音楽は快楽的な刺激に反応する脳の部分を活性化し、「快感ホルモン」であるドーパミンを分泌して高揚感をもたらします。

ネガティブ感情を減らすために音楽を活用する場合は、ネガティブな状況に応じて音楽を使い分けることがポイントの一つになります。安らぎや癒しを得たい場合に、クラシック系の音楽やどちらかと言えばスローテンポな曲がお勧めです。悲しみや憂鬱感に対しては、アップテンポな曲が良いでしょう。筆者は学校でのキャリア授業や一般の方向けのセミナー・ワークショップを行っていますが、その会場へ向かう道すがら、元気が出る系の曲を聞いています。今まで取り組んだことのない研修などでは、研修会場に入って聴いていることもあります。今から始まる授業や研修の舞台に不安を感じず、希望と勇気を持って臨みたいので、そのような曲を聴き、ネガティブ感情ではなく、ポジティブ感情が湧くようにしています。

呼吸などで心を落ち着ける

呼吸系の具体的な方法は呼吸法のことです。呼吸法については第一章で述べていますのでそちらで確認してください。ここでは、メンタルと呼吸、リラクゼーションについて少し説明しておきましょう。

まず、思い返してみてください。自分が次のようになっている場合、呼吸はどのようになっていましたか。

怒りに満ちていたとき
憂鬱感や罪悪感に満ちていたとき

第一章で、前者の場合、呼吸は浅く早くなっていることについて述べましたが、呼吸が浅く早くなれば息苦しさを感じます。

それでは、後者の場合、ため息を大きくついていませんでしたか。それは息を大きく吐いていたということですが、息を大きく吸うことはできていたでしょうか。息を吐くことは交感神経、息を吸うことは副交感神経を優位に働かせます。副交感神経は休息など体を休める効果があります。息を吸うことが疎かになっている状態で身体を休めることは難しくなってくるのです。

マッサージや入浴というリラックス系はメンタルを落ち着いた状態にしたり、疲労回復などを通して身体を休めたりすることにつながります。これは呼吸で副交感神経を優位に働かせることと同じことです。しかも、子どもにとって安心ができ、信頼できる家族などからマッサージしてもらったり、一緒に入浴してもらったりすることは一層効果を高めます。

書くことでストレスを減らす

最後は筆記です。筆記は日記を書くことなどです。心に浮かんだことや湧いてきた感情を文字にして綴ることは、ネガティブ感情を書き出して外在化することにつながります。自分の外側に置いた感情や問題を少しコントロールしやすくなり、文字化することによって意味が明確になっていきます。

そして、意味が明確になることは整理でき始めたということであり、メンタルが落ち着いてきたということです。

書く内容についてはネガティブな内容を書き綴っても構いません。前述したように、書くことによって内省しやすくなります。書くことが好きな人、抵抗が少ない人にはお勧めの方法です。

自分に合った気晴らしをいくつか持つことが大切

気晴らしの方法は自分に合った方法を持つことがうまく活用できるポイントです。自分が取り組みやすい、取り組んでみたい方法を見つけましょう。

さらに、いずれの方法でも集中できることはさらに大きなポイントです。いわゆるフローです。フローに入ることで「あっという間に」「気づかない間に」時間が過ぎてしまう方法を持てば、かなりネガティブ感情を減らすことができます。

自分にあった気晴らしの方法を見つけて、しっかり活用できるようにしておきましょう。

＊　＊　＊　＊

【ワーク】「気晴らしの方法を見つけよう」

◎次の領域で、自分に合った気晴らしの方法を書き出しましょう。そのことに取り組むと集中して時間が過ぎるのが早いことなど確認してみましょう。

①運動系

②音楽系

③呼吸・リラックス系

④筆記系

＊　＊　＊　＊

思い込みに気づいて感情をコントロールする

気晴らしなどでネガティブ感情を減らすことは、ポジティビティ（自己肯定的な心の状態）からネガティビティ（自己否定的な心の状態）に入った段階、つまり、ネガティビティ（自己否定的な心の状態）が比較的浅く、初期の段階で効果を発揮するものでした。

もし、ネガティビティ（自己否定的な心の状態）に入り込んだ段階で止まらず、ネガティブ沼に引きずり込まれたらどうしたら良いでしょう。

学級の子どもが大きなミスをしたとき、まず、その子どもは「このようなミスをしてたくさんの迷惑をかけてしまった。これからどうなるのだろう？」と不安が襲ってきます。その後、「このミスは自分の責任だ。私はどうしようもない大きなミスをして、みんなに迷惑をかけている」と罪悪感が自分を責め始めます。このようなネガティビティ（自己否定的な心の状態）が続くと、精神的にダメージを受けてしまい、学校を休みがちになったり、不登校の状態になったりすることもあります。

先生も例外ではありません。事務的なミスなどでしたら、割と気晴らしなどで対応できるのですが、子どもへの指導をめぐる問題などで、保護者から強い要望や批判が出た場合、その内容、要望・批判の強さや継続性によっては、先生が学校を休みがちになったり、病気休暇を取得したりする場合もあります。ひどい場合は退職するケースもあります。筆者の感想では特に継続性が強いケースは重篤な結末に至っているものが多いと思います。

子どもも先生も重篤な結末に至らないためには、ネガティブ沼から脱出する方法を知っておくことが鍵を握ります。そのためにお勧めな方法が、思い込みに気づくことです。

思い込みとは捉え方の歪み

思い込みとは、心理学でいうところの認知の歪みのことです。

認知とよく似た言葉に認識がありますが、オープンＡＩ社が開発したチャットＧＰＴによると次のような違いがあります。

「認知」と「認識」は、いくつかの文脈で同義語として使用されますが、一般的には異なる意味を持ちます。

「認知」は、知覚、思考、理解、判断など、知的な活動全般を指します。つまり、認知とは、情報を受け取り、処理し、組織化する能力です。例えば、新しい情報を学ぶとき、問題を解決するとき、過去の経験を参考にするときに、認知プロセスが働いています。

一方、「認識」とは、物事や現象を認めることと、または識別することを指します。つまり、認識とは、ある物や現象を知っていることや、それらを区別できることです。例えば、ある動物が犬であることを認識するとき、その特徴を見分けて、犬という種類として区別できるようになっていることを意味します。

つまり、「認知」は知的な活動の能力を指し、「認識」は物事を識別する能力を指します。


要するに、認知とは捉え方のことです。従って、認知の歪みとは捉え方の歪みのことであり、いわゆる思い込みのことなのです。

思い込みは、幼少期の様々な経験や、親や兄弟などとの関係、その他の家庭環境などが関係して出来上がります。さらに、成長過程でも成功体験や失敗体験などが思い込みへ影響を与えていきます。

思い込みへの対応で重要なポイントは生まれたての赤ちゃんは思い込みを持っていないということです。生育するに従って、環境や周りとの関係、経験などの影響を受けて思い込みが出来上がっていきます。

注目を集めるアンコンシャス・バイアス

近年、思い込みは、アンコンシャス・バイアス（無意識の思い込み）として大変注目されています。

数年前からパワーハラスメントをはじめとするハラスメントへ注目が集まりました。その結果、ビジネスの世界でもハラスメント防止研修が行われるようになりました。しかし、ハラスメント研修には内容的には対症療法的なものが多く、モグラ叩き的な傾向を強く感じていました。それは、様々なハラスメントがアンコンシャス・バイアス（無意識の思い込み）に起因するものであるという認識が当初薄かったためでした。近年、様々なハラスメントをなくしていくには、アンコンシャス・バイアスに気づき、少しでも減らすことが必要だと考えられるようになり、アンコンシャス・バイアス（無意識の思い込み）についての研修が徐々に増えてきました。

アンコンシャス・バイアスを減らす

アンコンシャス・バイアス（無意識の思い込み）は、本人が気づいていない思い込みのことです。

図4－3　無意識と意識

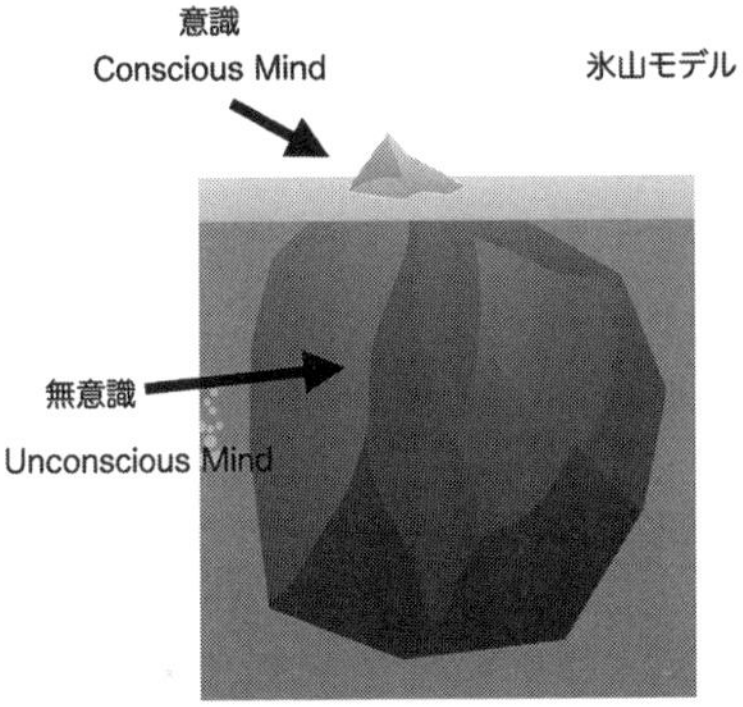

私たちの知的な活動で意識できるのは約一%と言われ、そのほとんどが無意識の領域で行われています。従って、思い込みを持っているということに気づいていないことが多いのです。

アンコンシャス・バイアス（無意識の思い込み）が生まれる理由は脳の働きと関係しています。脳がエネルギーを節約して神経回路を切ることはすでに述べました。そのため、脳はできる限り同じような意思決定をして対応しようとします。つまりあまり考えずに決定し、行動するということです（自動運転モード）。年齢や体格、肌の色や性別など見た目で勝手に判断したり、宗教や国籍、社会的地位や職業など属性で勝手に判断したりするのです。勝手にカテゴライズして、ラベリングするのです。アフリカ系の人を見ると運動能力が高いと判断したり、社長と聞けば偉そうにしているなどと判断したりするのはその表れです。これは意思決定を素早くできる機能であるため、すべてに問題があり、無くさなければならないものではありません。もし、すべてのことをこのような機能を使わずにやろうとしたら、きっと人間の営みは一つひとつを丁寧にリサーチし、分析して行うことになります。そうなると莫大な時間がかかり、遅々として進まなくなります。

問題は素早い判断の代償としてアンコンシャス・バイアス（無意識の思い込み）を生み出していることです。従って、アンコンシャス・バイアス（無意識の思い込み）は決してなくなるものではありません。しかし、様々なバイアスに苦しんでいる人を減らし、ＶＵＣＡの時代において生産性を向上させ、そしてウェルビーイングを実現するためには減らしていかなくてはならないのです。

学校現場は近代工業モデルの中で効率を考えて作られたシステムがまだ多く残っています。効率という価値のために、たくさんのアンコンシャス・バイアス（無意識の思い込み）を生み出してきているると捉えることがまず重要です。学校でのアンコンシャス・バイアス（無意識の思い込み）を減らすことが学校のウェルビーイングを実現するために必要なことは言うまでもありません。

起こりやすいバイアス

アンコンシャス・バイアス（無意識の思い込み）によって起こりやすいバイアスを知ることはアンコンシャス・バイアス（無意識の思い込み）の弊害を少しでも防ぐことにつながります。そこで、代表的なバイアスをいくつか紹介しておきましょう。

●過度な一般化

いくつかの事例の結果に基づいて、同じ属性のすべての人に当てはめて一般化することです。例えば、「男はみんなだらしない」「自分はいつも失敗ばかりしている」「若者は政治的な関心が低い」など思い込むことです。いくつか、もしくはある程度はその特性や傾向が当てはまるかもしれませんが、その属性の人がすべてというわけではありません。学校の例で考えると、「子どもは考えが足りない」なども過度な一般化にあたります（考えがない子どももいるが、十分考えることができる子どももいる）。

●確証バイアス

自分の価値観や考えに当てはまるような情報だけを集めて、自分の価値観や考えを正当化することです。「日本人はやっぱり礼儀正しい」「○○さんはいつも私語ばかりしている」などです。自分の価値観や考えと親和性が高いため、私たちの日常の中でよく見られるバイアスの一つです。学校の例で考えると、「部活動の指導は厳しくすることが効果をあげる」などは、今までの学校現場でよく見られたものでした。

●パフォーマンス・バイアス

年齢や性別、人種などの属性を無意識に能力と結びつけて考えることです。「シニアは若者より知恵が多い」「女性の方が、気配りがきく」などの思い込みです。確かに、シニアは若者より経験が多いので知識も豊富なのかもしれませんが、領域によってはシニアよりも若者の方が、知識が豊富なこともあります。気配りなども一般的に女性の方が得意なようですが、人によってはそうでない人もいるはずです。東京オリンピック前に問題になった「女性が入ると会議が長くなる」もパフォーマンス・バイアスにあたります。学校の例で言えば、「集会では男子の方が積極的に意見を述べる」などの思い込みがある場合があります。

●帰属バイアス

年齢や性別、国籍、人種などの属性により、結果への結びつき方が変わる思い込みです。「男性なら成功したことは能力があると評価されるが、女性なら運が良かったと思われる」ことなどです。学校の例では、「学力レベルが高い子と、学力レベルが厳しい子では、学校行事での取り組みが成功したときに、学力レベルが高い子の方が評価されることが多い」などがあるでしょう。

●ジェンダー・バイアス

男女の役割について固定的な観念を持つ思い込みのことです。「お茶汲みは女性」「力仕事は男性」などの思い込みがジェンダー・バイアスにあたります。学校の例では「保健係は女子」「保体委員長は男子」などはジェンダー・バイアスです。近年、中学校の制服（標準服）の見直しを行った自治体（教育委員会）が結構多く見られました。ズボンは男子、スカートは女子という今までの固定観念も大きな意味でのジェンダー・バイアスでしょう。

このようなバイアスに早く気づくことも、思い込みにとらわれて、ネガティブ沼に引きずり込まれないコツになってきます。前述したバイアス以外にどのようなバイアスがあるのか調べて活用できる状態にしておくことをお勧めします。

＊　＊　＊　＊

【ワーク】「アンコンシャス・バイアス（無意識の思い込み）に気づく」（先生向け）

◎自分の周りで次に当てはまるバイアスを書き出してみよう。そのバイアスはどこに問題があるのでしょう。

①過度な一般化

②確証バイアス

③パフォーマンス・バイアス

④帰属バイアス

⑤ジェンダー・バイアス

＊子どもで実施する場合には、子どもの生活に即したバイアスに気づかせるように項目を変えましょう。

＊　＊　＊　＊

ネガティブ感情を生み出すシステム

私たちは同じ出来事でもネガティブ感情に苛まれ、なかなか立ち直れない人もいれば、それほど気にせずに、次へ向かって進み始める人がいます。極端な例を挙げれば、地震などによる大きな災害の後、ネガティブな感情に苛まれ、ネガティビティ（自己否定的な心の状態）から抜け出せない方も多くおられる一方で、復興に向けて割と早い段階から力強く進み始める方もいます。その違いはどこにあるのでしょうか。

その分かれ目についてイローナ・ボニウェルは、アルバート・エリスのＡＢＣ理論をさらにわかりやすく改善し、ＳＰＡＲＫレジリエンスとして説明しました[8]。

私たちは通常、Situation（状況）が感情を呼び起こしていると考えがちです。Situation（状況）によってAutopilot（感情・身体反応）が起こり、ポジティブやネガティブな感情を起こしていると捉えがちだということです。

例えば、【ワーク】「ある日のできごと」を例として考えると、マナブくんの試験の結果が予想を上回る不出来なものが返ってきて、お母さんに、土日は遊びに行かず、復習し直すように言われたことです。それを受けてAutopilotでふさぎ込んでしまったということになるのでしょう。それならば、先ほど例に出した大地震の後にも、皆同じようにネガティビティ（自己否定的な心の状態）になるか、復興に向けて早い段階から取り組むか、どちらか一つの反応になるはずです。もちろん、この両者の中間の反応で統一されることもあるはずです。しかし、現実には百人いれば百通りの反応があり、いつまでも立ち直れずにいる人もいれば、大地震前の自分より強く逞しくなるようなＰＴＧ（心的外傷後成長）と言われるような成長を遂げる人もいます。ここに大きな分かれ目があるのです。

図４－４　SPARKレジリエンス

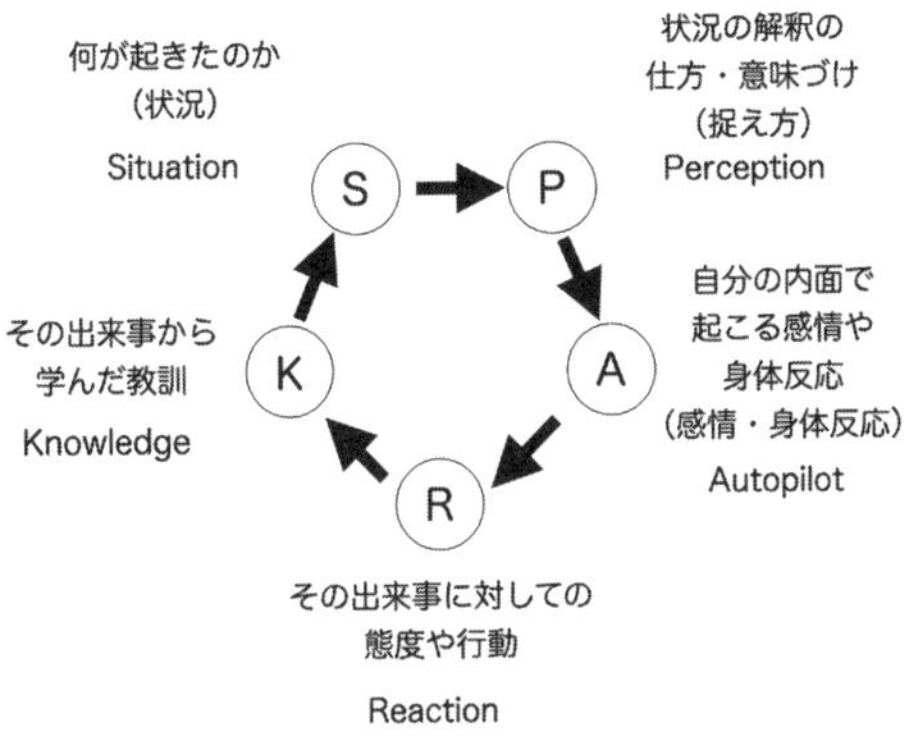

『レジリエンス・トレーナー養成講座』資料、日本ポジティブ教育協会、2014年、及び足立啓美、鈴木水季、久世浩司、イローナ・ボニウェル監修『子どもの「逆境に負けない心」を育てる本』法研、2014年より作成

　それは、図４‐４のSituation（事実）とAutopilot（感情・身体反応）の間にあるPerception（捉え方）というプロセスです。認知のプロセスは事実▼捉え方▼感情・身体反応の順番になっており、認知・捉え方は事実をどのように捉えたかということです。捉え方が違えば当然、感情が違ってきます、

　マナブくんの例で言えば、「今回の試験では自分の取り組み方が甘かったため、このような結果になってしまった。今回のことを良い薬にして、次回は同じ失敗をしないように頑張ろう」と捉えれば、ふさぎ込むことはなかったでしょう。

　「それは納得できるが、実際にそのように前向きに捉えることは難しい」という声が聞こえてきそうですが、どうして前向きに捉えることが難しいのでしょう

図4－5状況から感情へ

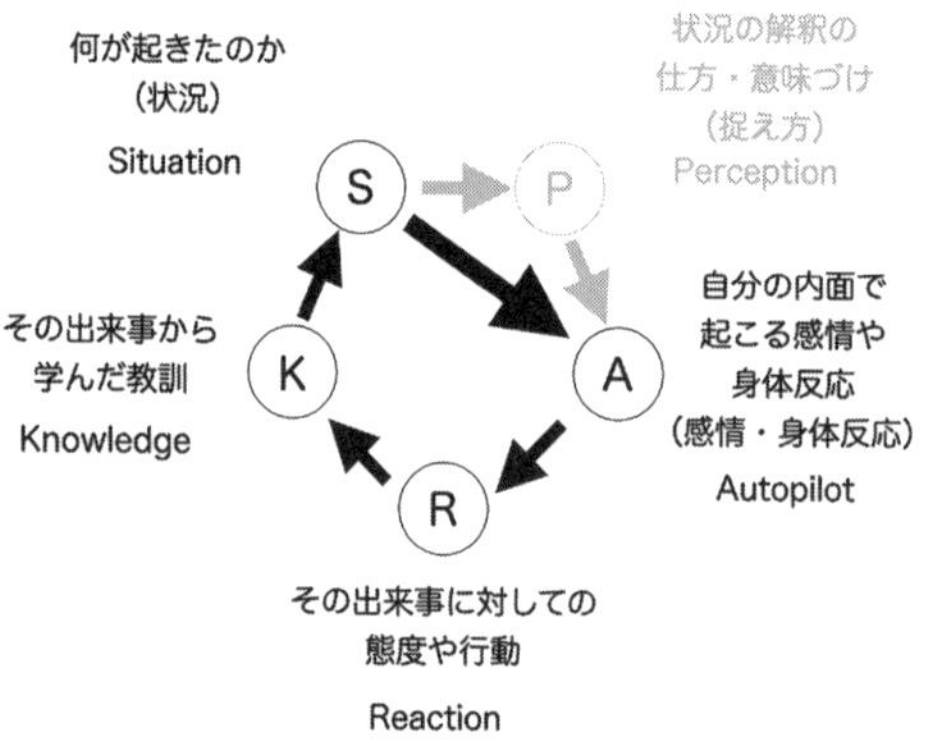

『レジリエンス・トレーナー養成講座』資料、日本ポジティブ教育協会、2014年、及び足立啓美、鈴木水季、久世浩司、イローナ・ボニウェル監修『子どもの「逆境に負けない心」を育てる本』法研、2014年より作成

か。それは、私たちはこのような失敗の経験を、生まれてから幾度となく繰り返してきており、その中で認知の歪み＝思い込みが生まれてきてしまったのです。思い込みが強ければ強いほど、Situation（状況）に従って瞬時に感情や身体反応が起こります。

Autopilot でネガティブな感情が湧き起こると、特定の行動をとる傾向が非常に強くなります（図4-5）。例えば、マナブくんの例で言えば、悲しみや罪悪感、絶望、ともすれば怒りなどの感情が沸き起こっていますので、悲嘆に暮れて動かなくなる、怒りの感情の割合が高ければ物に八つ当たりするなどの行動が見られるようになります。この状態をReaction（行動）と呼んでいます。

さらに、このようなパターンが何度か繰り返されると、「母親は成績のことにうるさい。すぐに自分に罰を与える」というようなKnowledgeという間違った教訓を学習します。その間違った教訓は次の出来事に活かされていき、ネガティブの沼から抜け出すことができません。

七羽のオウムで捉え方のクセ＝思い込みのタイプを知る

このように、ネガティブ感情を生み出す分かれ目は捉え方にあります。自分の捉え方のクセ＝思い込みのタイプを知っておくと、自分をコントロールしやすくなります。イローナ・ボニウェルは中高生向けに代表的な捉え方のクセ＝思い込みのタイプを肩に乗っているオウムにたとえました（表4-1）。自分の湧き上がったネガティブな捉え方は肩に乗っているオウムが自分にささやいて誘惑していると捉えるのです。そうすることによって問題の外在化がしやすくなり、対応しやすくなります。大人向けのものでは犬をメタファーとして使うものがありますが、子ども向けであれば肩に乗っているオウムの方がイメージしやすいので、とても良い教材です。捉え方のクセ＝思い込みのタイプのオウムとその活用について詳しくは参考文献をご覧いただきたいと思います[9]。中高生だけでなく、小学生にも十分活用できるものになっており、オススメです。

表4－1　7羽のオウムくん

オウムのタイプ	説明	ネガティブ感情	よく口にするセリフ
非難オウム	すぐ他の人のせいにする。白黒思考が強い。	怒り	「自分は悪くない」 「うまく行かないのは誰かのせいだ」
正義オウム	いつも「正しいか正しくないか」や公正さを気にしている。	嫌悪 怒り	「そんなことはすべきでない」 「それは正しくない」
敗北者オウム	他人と比較して自分は劣っていると思い込んでいる。	敗北感 劣等感 憂うつ	「自分なんか役に立たない」 「私は何をやってもダメだ」
心配オウム	未来のことを心配しすぎる。	不安 恐れ 緊張	「きっと対処できない」 「失敗するに違いない」
あきらめオウム	自分にはできないと思い、チャレンジしない。	無気力 脱力感 不安	「自分にできるわけない」 「みんなを変えることはできない」
罪悪感オウム	全ては自分の責任だと自分を責める。	罪悪感 不安 焦り	「それは私の失敗だ」 「自分のせいだ」
無関心オウム	問題から目を背けていつの間にか問題が解決すると信じている。	脱力 今のことだけ良ければいい 将来について無関心	「別に……」 「どっちでもいい」

足立啓美、鈴木水季、久世浩司、イローナ・ボニウェル監修『子どもの「逆境に負けない心」を育てる本』法研、2014年より作成

思い込みを転換する

このようにオウムをメタファーとして活用して自分の捉え方のクセ＝思い込みのタイプを知った後は、捉え方の転換に挑みます。

まず、捉え方の状況を確認したのちに、その捉え方が正しいと思う理由と、正しくないと思う理由を集めます。じっくり理由を考え、吟味することがポイントです。そして、その理由をもとに正しいか、正しくないかを検討しましょう。つまり天秤にかけてクセのない方、思い込みが少ない方を選びます。クセがない、思い込みがない方を選んだら、より現実的でバランスの取れた捉え方に変換していきます。変換の視点は次の三点になります。

別の見方をしてみると……
より現実的な見方をしてみると……
より正確な見方をしてみると……

集めた正しいと思う証拠をもとにして捉え方の変換を行い、適正な捉え方にしていきます。ここで大切なことは、ネガティブな感情を起こした原因となっているクセのある捉え方は、決して全面的に間違っているわけではないことです。マナブくんの例でも、ふさぎ込んでしまう理由となった母親の言動は事実ですから、ふさぎ込む理由がまったくないわけではありません。問題は友達に嘘をついてさらなる問題を起こしたり、ふさぎ込んで悲嘆に暮れて何もしなかったり、はたまた、八つ当たりして暴力的になったりしないようにすることが重要なのです。そのために、捉え方のクセを修正していくのです。

ネガティブな沼に引きずり込まれそうな時は、このように捉え方の転換を図り、ネガティブな沼に足を取られて動けない状態ではなく、いつでも抜け出せる状態にすることがウェルビーイングを実現するためにも大切になってきます。

＊　＊　＊　＊

【ワーク】「思い込みを転換する」

◎ネガティブ感情を起こした出来事から自分の捉え方のクセ＝思い込みのタイプを知り、それを吟味することでより現実的なバランスの良い捉え方へ転換しましょう。

①ネガティブ感情を起こした出来事を書き出しましょう。ネガティブ感情を起こした捉え方も書き出します。

②　①の捉え方の「正しいと思う理由」と「正しくないと思う理由」を書き出しましょう（個条書き）。

「正しいと思う理由」

「正しくないと思う理由」

③　②の理由を比べて、より適切だと思う理由の捉え方はどちらですか？

④次の視点を使って、捉え方を転換しましょう（いずれか一つで良い）。

　別の見方をしてみると……

　より現実的な見方をしてみると……

　より正確な見方をしてみると……

⑤採用しなかった捉え方にピックアップする点はないかどうか確認しましょう。

＊＊＊＊

【文献】
（1）クリストファー・ピーターソン、スティーブン・F・マイヤー、マーティン・セリグマン『学習性無力感――パーソナル・コントロールの時代を開く理論』二瓶社、二〇〇〇年
（2）エイミー・C・エドモンドソン『チームが機能するとはどういうことか？』英知出版、二〇二〇年、二一〇～二一九頁
（3）イローナ・ボニウェル、成瀬まゆみ訳『ポジティブ心理学が1冊でわかる本』国書刊行会、二〇一五年、三五～三六頁
（4）工藤勇一・青砥瑞人『自律する子の育て方』ＳＢ新書、二〇二一年、三九～四一頁
（5）青砥瑞人『HAPPY STRESS』SB Creative、二〇二一年、二一三～二一七頁

（6）久世浩司『「レジリエンス」の鍛え方』実業之日本社、二〇一四年、六三〜六六頁
（7）青砥瑞人『HAPPY STRESS』SB Creative、二〇二一年、一二四〜一二八頁
（8）『レジリエンストレーナー養成講座』資料、日本ポジティブ教育協会、二〇一四年
（9）足立啓美、鈴木水季、久世浩司著、イローナ・ボニウェル監修『子どもの「逆境に負けない心」を育てる本』法研、二〇一四年。日本ポジティブ教育協会ホームページ https://j-pea.org/resilience/ ホームページからオウムくんのカードセットを購入できます。

第5章　楽観性はエネルギーにつながる

絶体絶命のピンチを救った楽観性

皆さん、「アポロ13号」（ユニバーサル映画、一九九五年）という映画をご覧になったことはありますか。主演はトム・ハンクスで、実話をもとにしたものです。一九七〇年、月面着陸を目指して飛び立ったアポロ13号で爆発事故が発生します。酸素タンクや燃料電池を失い、次々に解決不能と思われる問題が発生し、絶体絶命の大ピンチに陥るのです。絶望感が漂う中で、飛行管制センターのフライト・ディレクターであるジーン・クランツ（エド・ハリスが演じていた）が次のような発言をします。

「状況は最悪だ。しかし、肯定的な要素は何か？」
「何を想定したかはどうでもいい。何ができるかだ！」

そこから、想像を超えたアイデアとチームワークで絶体絶命の危機を乗り越え、無事に三人の宇宙飛行士が帰還するのです。

このジーン・クランツの発言に楽観性がよく現れています。よくコップに水が半分入っているのを見て、「もう半分しかない」と捉えるのか、「まだ半分ある」と捉えるのかという事例が楽観性の例として引き合いに出されますが、ジーン・クランツの事例はそれよりもポジティブ心理学における楽観性をよく表していると思います。

楽観性とは何か？

楽観性は、ウェルビーイングを具現化する上でとても重要な概念です。しかし、日本で「楽観的」と言えばお気楽なイメージを感じてしまい、毛嫌いする人もいるようです。

ポジティブ心理学でいうところの楽観性は英語でOptimismであり、「将来に対してポジティブな期待を保持する考え方」と定義づけられ、「属性的楽観性」とも言われます。一言で言えば「前向き」なことであり、先ほど日本人の一部の方が毛嫌いするようなものは「お気楽」と言われるものです。「前向き」である楽観性は事実や知識についてはきちんと押さえた上で、ポジティブな捉え方（考え方や判断）を行うということになります。映画「アポロ13号」でもジーン・クランツは、タイムリミットが迫る中、職員に最善を尽くして三人の宇宙飛行士の命を救うことを呼びかけます。決してその姿からは「お気楽な」イメージは微塵もありません。むしろ、生還させるという希望に向かって、やれる限りのことを必死に職員とやっていくのです。

それに対して、悲観性とは「将来がうまくいかないと悪い事態を予想する考え方」であり、「属性的悲観性」と呼ばれます。

楽観性の高い人と悲観性の高い人では大きな違いを生みます。楽観性の高い人はリーダーの資質に恵まれ、ストレス度の強い職業や勉強やスポーツにおいて優れた成果を生み出しているという研究成果が出ています。逆に、悲観性の高い人はストレスに弱く、競争力が弱いという研究結果が出ています。イローナ・ボニウェルはポジティブ心理学において楽観主義者の利点は次のようなものがあると指摘しています[1]。

●楽観主義者は人生の困難に直面したとき、悲観主義者ほど苦痛を感じません。彼らが感じる不安感や抑うつ感は大幅に少ないものとなります。

●楽観主義者はネガティブな出来事（冠動脈バイパス手術、乳がん、妊娠中絶、骨髄移植、エイズなども含む）に、よりうまく対処できます。

●楽観主義は、初めての出産後、うつ症状に陥るのを防ぎます。

●楽観主義は、問題に焦点を当てた対処、ユーモア、計画の立案、ポジティブな再解釈（よくない状況を可能な限りよい条件でとらえ直すこと）に役立ちます。また状況がコントロール不可の場合には、現実を受け入れられるための手助けをしてくれます。楽観主義者はネガティブな状況から学びを得ることができるため、悲観主義者よりも物事に対応する力があります。

●意外かもしれませんが、楽観主義者は、問題から距離を置こうとしがちな悲観主義者と違って、ある異常を否認しない傾向にあります。楽観主義者とは、単に厄介な出来事から目を背けて、幸福に対する脅威を無視する人のことではないのです。例えば、彼らは体の不調のサインによく気づき、将来、深刻になるかもしれない問題をいち早く発見します。

●楽観主義者は、継続的な努力をし、途中で諦めない傾向にあります。それはおそらく、何らかの方法でどんな状況にも対処できると信じているからでしょう。一方、悲観主義者は、圧倒的に最悪の事態を予測する傾向が強く、その結果として、あきらめが早いのです。

●楽観主義者は、悲観主義者よりも健康を増進させる行動（健康的な食事や定期的な健康診断など）を多くとり、身体的な健康を享受します。

●楽観主義者は職場において、より生産的であるといわれています。

ロビンズ・A・S、スペンス・J・T＆クラーク・H（1991）「Psychological determinants of health and performance：The tangled web of desirable and undesirable characteristics（健康とパフォーマンスの心理的決定要因：望ましい特性と望ましくない特性のもつれ）」『ジャーナル・オブ・パーソナリティ・アンド・ソーシャルサイコロジー』六一、pp.755-765、カーバー・C・S＆シャイアー・M・F（2002）「Optimism（楽観主義）」スナイダー・C・R＆ロペス・S・J編『ハンドブック・オブ・ポジティブサイコロジー』

楽観性は日本人に馴染みにくい？

楽観性 Optimism を巡っては日本人の一部に誤解があると述べましたが、日本人自体がそもそも楽観性とは少し馴染みにくい傾向があるとも考えられます。

日本人は防衛的悲観主義の傾向が強いといわれています。防衛的悲観主義とは失敗した場合を想定し、そうならないように努力してその結果成功につながるという考え方です。目標達成へのエネルギーとしては少々弱いところがありますが、うまくいかなかった時のリスクマネジメントとして重要な側面があります。

これに対して戦略的楽観主義というものがあります。うまくいった場合を描いて、それを実現させようという考え方です。近年の人材開発・組織開発系のセミナーやワークショップはほとんど戦略的楽観主義で行われていると言っても過言ではありません。戦略的楽観主義は防衛的悲観主義に比べてエネルギーが湧き、目標達成にダイレクトにつながります。

戦略的楽観主義が少しずつ浸透しているものの、日本人はどうしても防衛的悲観主義の傾向が強いようです。一例としては、コロナ禍が少しずつ収束に向かっている現在、世界の多くの国々では外でマスクをつけることはどちらかと言えば少数派です。しかし、日本では未だ外出時はマスクをつけている人が多いことが挙げられます（二〇二三年五月現在）。万が一を考えてつける、まだ多くの人がつけているのでつけておくなど様々な理由が考えられますが、その根底には悲観的防衛主義があるような気がします。

遺伝子の点から日本人の防衛的悲観主義が強いことを説明されることがあります。「幸せホルモン」と呼ばれる神経伝達物質にセロトニンがあります。このセロトニンが脳内から減ると、不安を感じたり、気分が落ち込んだりするのです。そして、セロトニンの分泌量を決めるのが「セロトニントランスポーター遺伝子」と呼ばれるもので、セロトニンの分泌量が少ないS型と、分泌量の多いL型があります。そして、その組み合わせによってSS型、SL型、LL型の三つに分類されます。セロトニンの特徴から、当然、SS型を持っている人は不安を感じ、LL型を持っている人は楽観的な傾向が強いということになります。

実は日本人はSS型の遺伝子を持つ人が六五％を占めるのです。SL型は三二％、LL型に至っては三・二％なのです。圧倒的に不安遺伝子を持つ人の割合が高いのです。日本人に防衛的悲観主義の傾向が強いことも何となく納得できます。一方、アメリカ人が、SS型が十九％、SL型が四九％、LL型が三二％という結果が出ています[2]。

楽観性をチェックする

自分は楽観性と悲観性はどちらが優位に働きやすいのか、また、自分がどの程度の楽観性を持っているのかを知ることは、ネガティブな出来事が起こった時によりよく対応するために重要なことです。そのために、まず自分の楽観性がどの程度であるかチェックしてみましょう。

＊　＊　＊　＊

【ワーク】「楽観性をチェックしてみよう[3]」

◎自分の楽観性を知っておくことは重要です。次の尺度を使って、あなたの考えに最も近い番号を答えましょう。

1＝まったく当てはまらない
2＝ほとんど当てはまらない
3＝普通に当てはまる
4＝よく当てはまる
5＝とてもよく当てはまる

①（結果が）はっきりしないときでも、ふだん私はもっとも良いことを期待している。

②リラックスすることは私にとってたやすい。
③何か私にとってうまくいかなくなる可能性があれば、それはきっとそうなるのだ。
④私は自分の将来について、いつも楽観的である。
⑤私は自分の友人と、とても楽しんでいる。
⑥忙しくあることは、私にとって大切なことである。
⑦私はものごとが自分の思い通りに行くとは、ほとんど思っていない。
⑧私は簡単に腹が立つことはない。
⑨良いことが私に起こるなんて、ほとんど当てにしていない。
⑩概して、私は悪いことよりも、良いことのほうが自分に起こると思う。

［合計点数］

［採点方法］

①、④、⑩の点数と、③、⑦、⑨の反対の点数（五点→一点、四点→二点、三点→三点、二点→四点、一点→五点）を合計します。それ以外の質問はダミーです。〇～三〇点の範囲で、合計点数が高いほど、属性的楽観性が高いと考えられます。

＊　＊　＊　＊

説明スタイルで傾向性に気づく

　また、マーティン・セリグマンは悲観的な人の捉え方に注目し、その共通性を見つけました。そして、楽観性の高い人、悲観性の高い人に共通性のある捉え方の特徴を説明スタイルと呼びました。つまり、説明スタイルとは過去に起きたポジティブな出来事、ネガティブな出来事の原因や影響を説明するやり方のことを意味します。人は過去に起こった出来事がポジティブであろうが、ネガティブであろうが、その原因や影響を説明するときに、図５－１のように、環境的関係、時間的関係、普遍的関係から説明する傾向があり、その特徴から楽観性、悲観性のどちらが優位なのかを見つけることができるのです。

図5－1　説明スタイルの違い

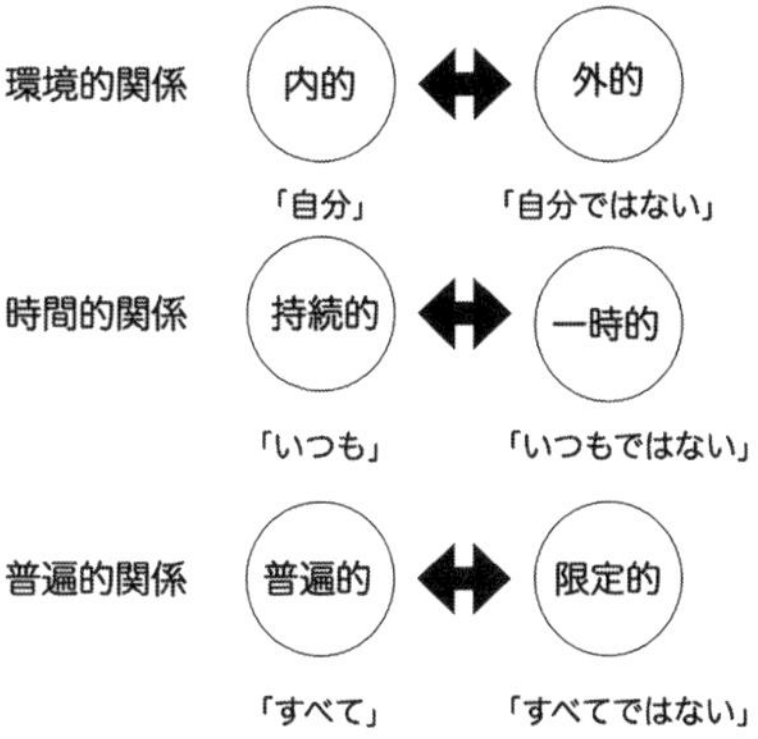

　過去に起こったネガティブな出来事について捉える場合、悲観的な人であれば、内的、持続的、普遍的に捉える傾向が強くなります。しかも、ネガティブな出来事を個人の失敗という視点で捉える傾向が強くなります。一方、楽観的な人は、外的、一時的、限定的に捉える傾向が強くなります。

　逆に、ポジティブな出来事について捉える場合、悲観的な人であれば、外的、一時的、限定的に捉える傾向が強くなり、楽観的な人は内的、持続的、普遍的に捉える傾向が強くなります[4]。

　テストで好結果を出したポジティブな場合で考えてみ

ましょう。

《楽観性の高い人》

［環境的関係］今回のテストでは自分がすごく工夫したり、努力したりした結果だ。

［時間的関係］このような努力を続ければきっと今後も結果が良いに違いない。

［普遍的関係］このような工夫や努力を他のことでもやれば、他のことでもきっと良い結果が出るだろう。

《悲観性の高い人》

［環境的関係］今回のテストはたまたま運良く勉強したところが出ただけだ。

［時間的関係］このようなまぐれは誰でも一回ぐらいはある。

［普遍的関係］テストは運良く良い結果が出たが、次はもうないだろう。テストは運良く良い結果が出たが、他のことではもう起こらない。

また、ネガティブな出来事に対してはどのようになるでしょうか。

部活動の試合でミスをして負けてしまった場合を考えてみましょう。

《楽観性の高い人》

［環境的関係］今回は相手の選手がうますぎた。

［時間的関係］次の試合はきっとうまく行く。

［普遍的関係］試合は負けて酷かったけど、帰宅して家族と美味しいものを食べに行ったので悪い

一日ではなかった。

《悲観性の高い人》

［環境的関係］すべて自分のせいだ。自分が下手なのがいけないのだ。

［時間的関係］いつも試合に出た時はミスをしてしまう。

［普遍的関係］これからもミスしてしまうかもしれない。部活だけでなく、勉強でもミスばっかりだ。

このように比べると、楽観性の高い人はネガテティブな出来事が起こると、自分のせいではなく、自分以外のせいにする傾向があるように感じます。いわゆる他責傾向を感じるということです。実はその感覚は間違いとまでは思いませんが、少々問題が多いのではという気がします。悲観性の高い人はどうしても「自分に原因がある」「自分が悪い」と捉えがちです。確かにその人に原因があることもあるでしょう。しかし、その事態を引き起こした原因は果たしてその「自分」だけなのでしょうか。「自分」はミスをして、それが負けにつながったことは事実かもしれません。しかし、負けの原因はそれだけでしょうか。筆者は長年、中学校野球部の指導に携わってきました。負けにつながるミスは何度も経験しましたが、たった一つのミスで負けた試合など一つもありません。確かに負けのトリガー（引き金）となったミスはひとつかもしれませんが、負けにつながったミスなどいくつもあります。決してたった一つのミスで負けることなどありません。ひょっとしたら、試合以外に負けにつながった要因もあるかもしれません。夜寝冷えして体調が悪かった、前日に足を挫き、コンディションが十分でなかった、チームのメンバーと喧嘩してギクシャクしていた、相手そのものが実力で上回っていたなど、挙げればきりがないかもしれませんね。

このようなネガティブな出来事につながる原因をしっかりみていくことが大切なのです。その出来事を取り巻く状況を冷静に分析し、どう捉えれば良いか考えることが重要なのです。

日本には美徳として恥の文化というものがあります。さらに、日本人は自己主張も控えめなところがあります。その美徳は日本らしさ、日本人らしさとして尊いところがありますが、あまりに強すぎて悲観性いっぱいで生きてしまうと、ウェルビーイングとは程遠い人生になってしまいます。

このように、自らの説明スタイルに気が付き、楽観性を身につけることはレジリエンスを高め、ウェルビーイングに近づくことになります。それでは自らの説明スタイルに気づくワークをやってみましょう。

＊　＊　＊　＊

【ワーク】「自分の説明スタイルを明らかにしよう⑤」

◎①②で書き出したことを踏まえて、「内的⇅外的」、「持続的⇅一時的」、「普遍的⇅限定的」のどの段階に当てはまるかチェックしてみましょう。

①最近あなたの身の回りで起こったネガティブな出来事は何ですか。

②その出来事に対して、あなたはどう捉えましたか（心の中で自分にどのように説明しましたか）。

③次の項目でどの段階に当てはまるかチェックしよう。

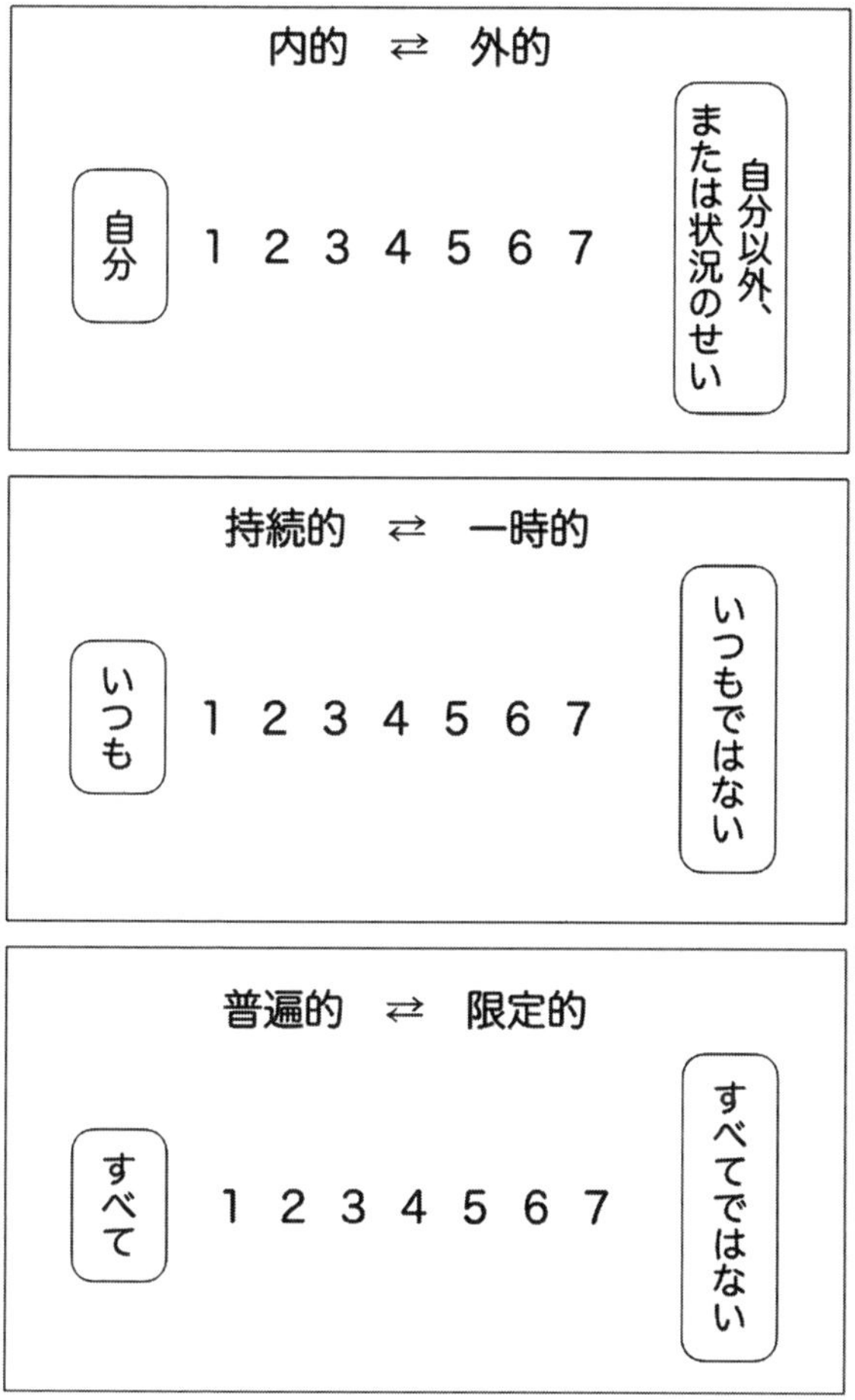

内的　⇄　外的

自分　1　2　3　4　5　6　7　自分以外、または状況のせい

持続的　⇄　一時的

いつも　1　2　3　4　5　6　7　いつもではない

普遍的　⇄　限定的

すべて　1　2　3　4　5　6　7　すべてではない

＊＊＊＊

マインドセットで捉え方が変わる

このように自分の説明スタイルのチェックを行えば自分自身の楽観度や悲観度がわかってきます。

しかし、そのまま放っておいては楽観度や悲観度が自然に変わるわけではありません。そこで、必要になってくるのが捉え方の転換です。その点について第四章「ネネガティブ感情をコントロールする」で、思い込みを転換するための具体的なスキルをご紹介しました。ここではマインドセットの観点から思い込みを転換するポイントをご紹介したいと思います。

マインドセットについてはスタンフォード大学の心理学教授キャロル・S・ドゥエックの研究が有名です。ドゥエックは人間の信念の重要性について研究し、自分についての信念が人生を左右していると指摘しています。そして、「自分の性格だと思っているものの多くが、実は心のあり方（=mindset）の産物なのである。あなたがもし可能性を発揮できずにいるとしたら、その原因の多くは〝マインドセット〟にあると言ってよ

表5−1　2つのマインドセット

硬直マインドセット fixed mindset	しなやかマインドセット growth mindset
◆固定的知能観 「努力しても自分の知能は変わらない」	◆成長的知能観 「努力した分だけ知能は伸びる」
◆よく見せたい 「できるだけ自分をよく見せたい」	◆よくなりたい 「難しいことに挑戦してよくなりたい」
◆失敗は過ち 「失敗すると取り返しがつかないことになる」	◆失敗は自己投資 「気づきの多い失敗は自分への投資」
◆自己防衛型 「ダメな人間と思われたくないから難しいことには挑戦したくない」	◆課題挑戦型 「難しい課題をどうすれば解決できるか考えてみる」

上田信行著『プレイフル・シンキング』宣伝会議、2021年、p.48より作成

い[6]」と述べています。Weblio国語辞典によれば、Mindsetとは「捉え方と考え方やものの見方、思考傾向といった個人が持つ特定の考え方や信念または特定の認知構造のこと」を意味します。大雑把に言えば捉え方のことです。

ドゥエックはマインドセットには大きく二つのタイプがあると主張しています（表５‐１）。一つは硬直マインドセット（fixed mindset）と呼ばれるもので、もう一つがしなやかマインドセット（growth mindset）と呼ばれるものです[7]。

硬直マインドセット（fixed mindset）は、基本的に人間の能力は固定的で変わらないと捉えることです。生まれながらの知能や能力は変わらないと捉えるわけですから、努力にはさほど意味がないということになります。そして、つまずくことは失敗となります。結果がすべてという考え方が強いのです。従って、自分の能力を超える困難な課題には挑戦しようとしません。なぜなら、失敗することが許されないからです。もし仮に失敗した時には自分以外に原因を求める傾向も強くなります。さらに失敗するリスクがあるので変化を嫌う傾向があります。

一方、しなやかマインドセット（growth mindset）は、知能や能力は努力次第で伸ばせると捉えています。つまずきが失敗ではなく、挑戦して成長できなければ失敗と捉える傾向があります。今の自分の能力を証明することと以上に、新しいことに挑戦することを好みます。もし仮に失敗しても自分ごととして受け止め、自分に何ができるかを考えます。従って変化に対しても前向きに捉えます。

自分がどちらのマインドセットの傾向が強いかということは、自分の承認欲求がどのように満たされるかをチェックすることでわかります。人から結果を褒められると嬉しいのか、それともチャレンジして努力することを褒められるのが嬉しいのか、どのようなことを認められると満たされるのかをチェックしてみると良いでしょう。

しなやかマインドセットを育む

教育においてどちらのマインドセットが望ましいかということは明白です。硬直マインドセットではなく、しなやかマインドセットを持てるように先生や保護者は子どもと関わっていくことが大切になってきます。しなやかマインドセットを育むためには、能力や結果ではなく努力と成長に注目したメッセージを送るようにしましょう。そして、子どもが失敗したときには失敗から何を学ぶか、次へ向けてどう取り組むかについてフォーカスするのが良いでしょう。

この点について大いにヒントになるのはアドラー心理学の勇気づけ[8]です。本書はアドラー心理学についてのものではありませんが、アドラー心理学の勇気づけのアプローチがしなやかマインドセットを育むためにわかりやすいので、そちらを活用したいと思います。表5-2は野田俊作が勇気づけるメッセージとしてまとめたものの一部です。勇気づけは、結果だけでなく過程（プロセス）や個人の成長に注目するだけでなく、失敗を受け入れるものなので、しなやかマインドセットとかなり近いものです。ポジティブ心理学にはアド

表5－2　勇気づけるメッセージ

注目するポイント	具体的なメッセージ
過程を重視する	・努力したんだね ・失敗したけれど、一生懸命やったんだ
すでに達成できている成果を指摘する	・この部分はとてもいいと思う ・ずいぶん進歩したね
失敗をも受け入れる	・残念だね、努力したのに ・この次はどうすればいいだろうか
個人の成長を重視する	・この前よりもずいぶん上手になったね ・一度くらい後戻りしてもいいじゃないか

野田俊作『勇気づけの方法』創元社、2020年、p.27勇気づけ（エンカレッジメント）より一部抜粋して作成

ラー心理学がかなり影響を及ぼしているので、当然かもしれません。勇気づけなども参考にして、子どもたちのしなやかマインドセットが育まれるように先生や保護者は関わっていきたいものです。

＊　＊　＊　＊

【ワーク】「しなやかマインドセットを育む」

◎自分の価値が決まってしまったようなネガティブな経験を思い出して、それを成長に結びつけましょう。

①最近あなたの身の回りで起こったネガティブな出来事（自分の価値が決まってしまったような経験）は何ですか。

②その出来事に対して、あなたはどのような感情が湧いてきましたか。

③その経験からあなたは何を学びましたか。

④どうすればそれを成長に結びつけることができますか。

＊＊＊＊

ゴールやビジョンが希望や楽観性につながる

希望は楽観性と非常に近い概念であるとともに、感情でもあり、ＶＩＡでは強みでもあります。希望についての研究者であるリック・スナイダーは、「希望とはゴールを概念化し、障害があってもゴールへ向かう道のりを見つけ、その道のりを歩み続けるためのモチベーションを保つ能力」だと述べています[9]。

楽観性との関係を考えたときに、最も重なり合うところはゴールの概念化ということになるのではないでしょうか。最初に事例として紹介した映画「アポロ13号」においても、地球に宇宙飛行士三名を無事に地球へ帰還させるというゴールイメージができていたからこそ、少ない可能性の中で希望を抱いて宇宙飛行士や飛行管制センタースタッフがチャレンジできたことは間違いありません。

そのように考えるとゴールの概念化ができている、言い換えれば、ゴールイメージが明確であることはとても重要です。では、皆さんの学校のゴールイメージはきちんと描けているでしょうか。

筆者が教員時代に勤務した学校ではほとんど描けていないというのが現実でした。学校教育目標といえば教育基本法から抜き出してきたような文章ばかりでした。日頃の教育活動においては、その活動ごとの目標はあるにしても、結局、自分たちの学校はどこに向かっているのかはっきりしていませんでした。前著『学校が苦手な子どものためのアドラー心理学』でもこの点についてふれていますので詳しくは述べませんが、校長としての勤務校の最初の仕事は、児童、教師、保護者など、みんなが目指せるものとして学校教育目標を作り直すことでした。筆者は現在の学校の大きな弱点がここにあると強く思っています。言葉を変えれば、ビジョンを描くことができていないということです。ゴールやビジョンが明確であれば楽観性を育み、希望を抱くことができるのです。

ゴールの概念化がきちんとできれば、学校のウェルビーイングを実現するために、ぜひ取り組んでほしいワークがあります。アプリシエイティブ・インクワイアリーと呼ばれるものです。アプリシエイティブ・インクワイアリーとは、日本語に訳すと「価値を見出す質問」になります[10]。このアプローチでは次のような質問で進んでいきます。

●Discovery（発見）：価値の発見
●Dream（夢）：最高の状況を想像する
●Desigh（デザイン）：どうあるべきかデザインする
●Destiny（未来に起こること）：達成に向けて実行する

Cooperrider DL, Whitney D (2005). Appreciative inquiry: A positive revolution in charge. Berrett-Koehler Publishers.

このアプローチでは自分たちにとって最高の価値は何かを発見することから始まります。このような場合には頭の中に浮かぶ「できない」「それは現実的でない」などのリミッターを排除して、理想の最高の価値を考えることが大切です。次に、「起こりえる最高の状況を想像する」ことになります。つまりゴールの概念化、ゴールイメージの明確化です。さらにどのようにしたらそれが達成できるのかについて対話します。この「どのようにしたらそれが達成できるのか」について対話を通して考える際に、現在取り組んでいる仕事の必要性を検討することになります。そして、その際同時に、今取り組んでいる仕事の意味や価値を問い直すことになります。

序章で述べたように、現在、学校における働き方改革が求められています。その現場の様子を見ていると、ほとんどの学校で働き方改革を勤務時間の適正化という側面からしかとらえていないことがわかります。仕事を時間という軸でしか捉えていないのです。それは裏返せば、学校の仕事が、デイヴィッド・グレーバーが言うところの「Bullshit Jobs」（クソどうでもいい仕事）になっているのです。[11]「Bullshit Jobs」はやりがいのない、意味や価値を感じない仕事のことです。仕事自体がつまらないために、働き方改革を時間でしか捉えることができていないのです。学校での仕事は本当に「Bullshit Jobs」（クソどうでもいい仕事）ばかりなのでしょうか。この問題の裏側には本当に価値ある仕事なのに、その価値に十分気づけていないことが隠れているような気がします。本当の働き方改革は適正な勤務時間の面も大切ですが、今やっている仕事が先生たちにとって価値ある仕事かどうかも大きなポイントなのです。価値ある仕事であるためにはゴールが何なのか、学校がどこに向かっているのかがはっきりしていないといけません。しかも、そのゴールに辿り着くことが、子どもや先生、保護者、みんなにとって大きな意味や価値のあることでないといけないのです。このようなことを考えると、アプリシエイティブ・インクワイアリーのワークを行うことは、楽観性を持てる職場であるためにも重要ですが、現場の先生が働きがいを感じるためにも大変重要なことだと思います。

＊　＊　＊　＊

【ワーク】「こんな職場で働きたい」

◎自分たちにとって大切な価値を見つけ、最高の職場を想像しよう。

①あなたが「こんな学校で働きたい」と思う最高の学校はどのような職場ですか。

②具体的に、あなたが働きたい最高の学校を想像しましょう（①の特徴を明らかにする）。

③「最高の学校」を実現するための具体策をデザインしてください（具体的な取り組みを考える）。

＊あなたが働きたい「最高の学校」を考えるプロセスでどのような変化が起こりましたか。その変化を感じて、デザインを実行していきましょう。

＊　＊　＊　＊

【文献】

（1）イローナ・ボニウェル、成瀬まゆみ訳『ポジティブ心理学が1冊でわかる本』国書刊行会、二〇一五年、五四～五六頁

（2）東洋経済ONLINE「「自分は不幸」と思う日本人がやたら多い不思議」、二〇二三年四月十三日
https://toyokeizai.net/articles/-/353274

（3）坂本真士・田中江里子「改訂版 楽観性尺度（the revised Life Orientation Test）の日本語版の検討」The Japanese Journal of Health Psychology 2002,Vol.15, No.1,59-63

（4）久世浩司『親子で育てる折れない心』実業之日本社、二〇一四年、一七六～一八三頁。イローナ・ボニウェル、成瀬まゆみ訳『ポジティブ心理学が1冊でわかる本』国書刊行会、二〇一五年、五八～五九頁

（5）カレン・ライビッチ、アンドリュー・シャテー、宇野カオリ訳『レジリエンスの教科書』草思社、二〇一五年、一八四～一九二頁

（6）キャロル・S・ドゥエック、今西康子訳『マインドセット「やればできる！」の研究』草思社、二〇二二年、三頁

（7）キャロル・S・ドゥエック、今西康子訳『マインドセット「やればできる！」の研究』草思社、二〇二二年

（8）岩井俊憲『勇気づけのリーダーシップ心理学』学事出版、二〇一〇年、七八頁。岩井俊憲は勇気を「困難を克服する活力」とし、勇気づけを「困難を克服する活力を与えること」としています。

（9）イローナ・ボニウェル、成瀬まゆみ訳『ポジティブ心理学が1冊でわかる本』国書刊行会、二〇一五年、六七～六八頁

（10）秋山美紀『看護師のための困難を乗り越える力』メヂカルフレンド社、二〇二〇年、九〇～九三頁

（11）デヴィッド・グレーバー、酒井隆史他訳『ブルシット・ジョブ――クソどうでもいい仕事の理論』岩波書店、二〇二〇年

第6章　「やればできる」を生み出す自己肯定感＆自己効力感

自己肯定感とは何か？

学校の先生からよく聞く言葉があります。それは「うちの学校の子どもは自己肯定感が低いのです」という言葉です。そして、「どうしたら高まるのでしょうか？」と尋ねられることもよくあります。先生たちは、どのような子どもの様子からそう感じているのでしょう。先生たちの話を伺っていると、子どもたちの状況として次のようなことがあることがわかります。

自分の良いところなどどこかと尋ねられても答えることができない。

チャレンジしなければならないことに「自信がない」「どうせムリ！」と言ってチャレンジを避ける。

リスクをとって取り組むことより、リスクを避けることを優先する。

「どうせ」「だって」「だけど」など、いわゆるＤワードがよく子どもの口から出てくる。

このような状況の背景には、先生が感じているように自己肯定感が低いことが考えられます。自己肯定感とはありのままの自分を肯定的に捉えている感覚のことです。「入」と「切」しかない電源スイッチのようなものではなく、オーディオの音量ボリュームのように高⇅低で、その時の状態によって程度や割合が決まるものです。自己肯定感に近い言葉に自己効力感があります。英語で言えば、自己肯定感は self-esteem、自己効力感は self-efficacy になります。自己肯定感と自己効力感は完全に別ものではなく、自己効力感は自己肯定感という土台の上にあるもの、もしくは自己肯定感に内包されるものだと考えられます（図6－1）。

図6－1　自己肯定感と自己効力感

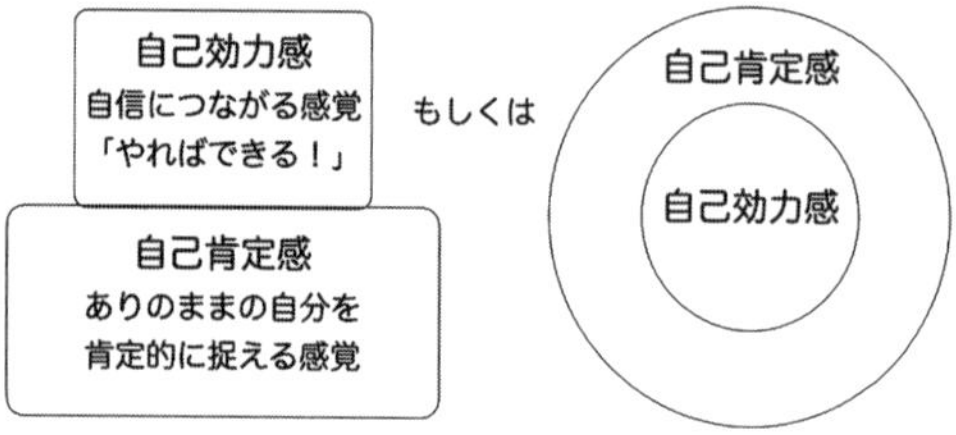

日本の若者は自己肯定感が低い

先生たちが感じている自己肯定感の低さは国際的な調査でも明らかになっています。日本財団は「地方議会」「価値観・ライフデザイン」など社会的に関心の高いテーマについて月に一回程度のペースでインターネット調査（十八歳意識調査）を行っています。第四六回の調査[1]は「国や社会に対する調査（六か国）」でした。その調査の中に「自身について」という項目があり、そこで次のような自己肯定感に関係の深い質問が行われています。

「自分には誇れる個性がある」
「自分は他人から必要とされている」
「日々の生活が楽しい」

「日々の生活で不安やゆううつを感じる」
「勉強、仕事、趣味など、何か夢中になれることがある」
「自分のしていることには、目的や意味がある」
「自分の人生には、目標や方向性がある」
「目標を立てて、何かを達成した経験がある」

日本、アメリカ、イギリス、中国、韓国、インドの十七～十九歳の若者に調査したところ、日本は「日々の生活で不安やゆううつを感じる」が一位でしたが、他の質問項目は「日々の生活が楽しい」「目標を立てて、何かを達成した経験がある」が五位、その他の五項目は調査国中最下位の六位でした。お分かりのように「日々の生活で不安やゆううつを感じる」は一位でしたが、質問の中で唯一ネガティブな質問です。

日本には、昔から「謙虚」や「恥」といった文化があるため、自分のことを高く評価することに対して、諸外国よりためらいがあることが考えられます。しかし、この調査の結果を見ていると、その文化の側面を理由に片付けてしまっては心配になるところがあります。先生たちが、自己肯定感が低いと心配していることを、杞憂と片付けてしまうには問題が多いのではないでしょうか。

対話のスキルを身につけさせる

自己肯定感を高めることはウェルビーイングを実現するためには欠かせないものです。自己肯定感が高まらずしてレジリエンスの力がつくこともなければ、ウェルビーイングが実現することもありません。自己肯定感は、いわばレジリエンスやウェルビーイングへの道標のようなものです。筆者は、前著で自己肯定感を高めるために、次のことに取り組む必要があることを述べました[2]。

対話のスキルを身につけさせる

経験学習と振り返りをできるようにする

自己肯定感はつながりの中で育まれてきます。人間関係はレジリエンスやウェルビーイングにとって重要なものですが、つながりとはまさに良好な人間関係に他なりません。

それでは、どうやって人と人はつながっていくのでしょう。同じクラスになったからつながるわけではありません。クラスの中でいじめが起こっている現実を見ればすぐにわかることです。それでは、担任の先生や保護者が友達と仲良くしなさいと指導したらつながるのでしょうか。同じクラスの仲間を見捨ててはいけないと言えばつながるのでしょうか。これらはいずれも決定打にはなりません。やはり人と人とは対話を通して、言葉を通してつながっていくのだと思います。もちろん、心のつながりも大切ですが、心を通してつながるためには、言葉を通した対話によるつながりがなければつながりにくいことは明らかです。

話し合いには、雑談、討論、議論、対話の四つのタイプがあります。しかし、お互い違うもの同士が協力しながら取り組んでいくためには対話の存在が欠かせません。通常、対話には次の特徴があると言われています。

- 違いを認める（相手を尊重する）
- 双方向性のコミュニケーション
- 意味を共有する

このような対話スキルを身につけることができれば、対話の場を設けただけで、子どもたちの自己肯定感が高まります。さらに、対話のスキルが身についていない状態で、他のいかなる取り組みを行なっても効果はあがりません。いじめをなくすためにお互い理解し合おうとしても、対話のスキルが身についていなければ、話し合えば合うほどうまくいかなくなることだってあります。

対話のスキルを身につけさせるためには、授業で対話のスキルを使って話し合いをするだけでなく、対話のトレーニングの時間を確保して取り組むことが重要です。対話のスキルの前提は聴くことを上手になることです。上手に聴くことを傾聴と呼んでいます。

人間性心理学の創始者であるアメリカの心理学者カール・ロジャーズが傾聴の三条件として次のようなことを示しました。

- 共感的理解
- 無条件の肯定的関心
- 自己一致

簡潔に言えば、相手を否定せずに受け止める、本当に相手が思っているのかどうかしっかり聴くと言うことです。それを具体的な姿で表せば次のような聴く態度になります。

目を見て
うなずき、あいづち、要約を入れる
時に質問をする

このような傾聴のスキル、そして、それを使った対話を通して人間関係を築けることが、つながりを育んでいきます。クラスの中には気が合わない人もいるはずです。対話は決して相手を理解して、相手が望むようにすることではありません。相手を受け止めてあげる、少しわかりやすく表現すれば「あなたはそう思っているのだね。そう感じているのだね。」と言ってあげることなのです。最低でもこのように言える関係があれば切れることはありません。

また、対話のトレーニングは数分でできます。お題は何でも構いません。大事なことは対話のスキルを使ってみる、試してみる、そしてそのスキルを自分のものにすることです。朝の会などで、一日のウォーミングアップとして行うことがお勧めです。

自己肯定感は共同体感覚

自己肯定感をもう少し明確に理解するためにアドラー心理学が役に立ちます。アドラー心理学で最も大切な理念として共同体感覚というものがあります。この共同体感覚はアドラー心理学の創始者であるアルフレッド・アドラーが、より良い社会のために大変重視していたもので、アドラー心理学において最も重要視されているものです。アドラーは、共同体感覚にとって大切なものとして次の三つをあげました[3]（図６‐２）。

所属感
貢献感
安全感

所属感は「私には価値があり、コミュニティから受け入れられている」と感じることです。簡単に言えば居場所がある、そして私にも、その居場所にも価値があると感じることです。

図６−２　共同体感覚

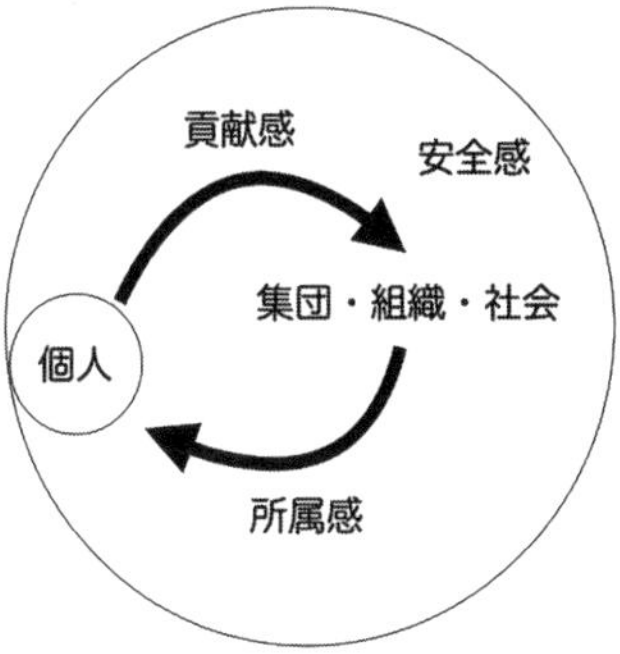

貢献感は「私には意味があると感じ、仲間に対して、社会に対して貢献できる存在であると感じる」ことです。集団や組織、社会に対してなんらかの役割を果たして貢献しており、それを実感しているということです[4]。

所属感と貢献感が高まるためには自分を含めた集団が安全で信頼できるものでなければなりません。従って、安全感がポイントになってきます。

人間は所属している集団・組織・社会に居場所があることで所属感を感じます。そして、所属感を感じることができれば集団・組織・社会への貢献感が湧き、貢献することができます。さらに、貢献することで集団・組織・社会に居場所ができ、所属感が増していきます。こうなれば、安全感もさらに高まっていきます。

自己肯定感がとても低くなった状態になった場合、相手の関心に関心を持つことがポイントだと前著で述べました。少々ハードルは高くなりますが、あえて集団・組織・社会に対してなんらか本人の強みなどを使って貢献させることによって、居場所を得ていくことも考えられます。もちろん、この場合、貢献に対して、集団・組織・社会のメンバーから、Good のフィードバックがあることが前提です。

この三つの感覚は、それぞれ程度の差はあっても感じることができれば共同体感覚がある、もしくは高いということができます。このように考えると、共同体感覚はまさにつながりであり、自己肯定感と言っても差し支えないものです。自己肯定感とは「ありのままの自分を肯定的に捉えている」と捉えた場合、少々わかりにくいところがありますが、所属感、貢献感、安全感を持った状態と捉えるとずいぶんわかりやすくなります。ウェルビーイングの実現に向けて、自己肯定感、すなわち共同体感覚を高めていくことはとても重要なことです。

チャレンジに必要な自己効力感

自己肯定感が、集団・組織・社会との関係の中で貢献感や所属感、安全感を持つことであると述べてきました。貢献感を持つためには貢献という行為を行うことが鍵を握ります。つまり、何がしかのチャレンジが必要になるということです。貢献という視点を除いても、私たちの人生はチャレンジの連続です。少し早起きをする、部屋を片付けるなど日常生活の中の小さなチャレンジから、新しい習い事を始める、入学試験に臨むなどの大きなチャレンジまで、様々なチャレンジによって成り立っています。

そのチャレンジするという行為の裏付け、基盤になるものが自己効力感であり、「その人の持つ目標や成果の達成への自己の能力への確信と信頼[5]」と定義されています。わかりやすく言えば「やればできる！」と思えることです。

自己効力感が高い人は、少々達成が難しいと思われる課題に挑戦することができます。そして、自己効力感が低い人より目標達成できる確率が上がります。

皆さんが出会った子どもを思い起こしてください。少々困難な課題に出会ったとき、その子どもはどのような反応をしていましたか。「できるかどうかわかりませんがやってみます！」と答えてくれた子どもは、少なくとも達成への道筋がうっすらと見えていたはずです。まったく見えていない子どもは、多分「どうやればよいかわかりません」などと答えていたのではないでしょうか。「できない」と思うことばかりに陥った子どもは、自己効力感どころか、自己肯定感も極端に下がり、何にも取り組まなくなる、いや、取り組めなくなっていませんでしたか。さらに、ひどい状態になるといわゆる閉じこもりのような状態になった子どももいたかもしれません。このように自己効力感は特別なことにチャレンジするだけでなく、日常生活を支える力でもあるわけです。

バンデューラの研究

自己効力感については、アメリカの心理学者であるアルバート・バンデューラの研究が有名です。
バンデューラによれば、自己効力感を高めるためには次の四つの方法が効果的であると述べています。

●直接的成功体験……実際に行い成功体験を持つこと
●代理体験……うまくいっている他人の行動を観察すること
●言語的説得……他者から説得的な暗示を受けること
●生理的・情動的喚起……高揚感を体験すること

「直接的成功体験」は実体験することです。実際にある目標に向かって取り組んでみて成功することを経験することです。効果のレベルで言えば、この四つの中で最も効果があり、その効果は長く続きます。この「直接的成功体験」では小さなチャレンジに数多く取り組ませ、成功を経験させることがポイントになります。最初から子どもにとって大きな目標に取り組み、失敗すると、チャレンジへのネガティブなイメージを植え付けることになります。その結果、自己効力感も下がってしまう可能性もあるので気をつける必要があります。

図6－3　自己肯定感を高める４つの方法

次に、「代理体験」は間接体験の意味であり、ロールモデルを持つということです。自分でチャレンジすることが少し難しいと感じている場合、同様の経験をした人をお手本とすることで成功への道筋が見えてくることがあります。筆者の経験でも、チャレンジを躊躇している子どもがいたときに、ロールモデルになるような人物のエピソードなどを紹介し、お手本とすることでチャレンジに踏み出したことがあります。「代理体験」の効果は「直接的成功体験」の次に高いとされています。

そして、「言語的説得」はいわゆる励ましのことです。「大丈夫！」「きっとうまくいく」「あなたならできる」などの言葉をかけられることで、自分にはサポーターがいることを子どもは理解します。そのサポーターの存在が子どもの自己効力感を高めます。

最後に、「生理的・情動的喚起」です。これはいわゆるムードのことです。チャレンジを前にして不安になることは当たり前です。そのような時に、自分自身を暗示にかけてポジティブなムードを作り出します。

この四つの方法は「直接的成功体験」→「代理体験」→「言語的説得」→「生理的・情動的喚起」の順に自己効力感を高める効果、継続する効果があります。

経験と振り返りの重要性

バンデューラの自己効力感を高める四つの方法はわかったが、小さな成功体験を積み重ねさせようとしてもうまくいかない、と思われる方も結構いるのではないでしょうか。実際に、キャリア教育・開発を専門とする筆者も「そうは言ってもね。成功ばっかりするわけじゃなく、世の中は失敗の方が多いのでは？」という声を社会人の方から聞いたことが何度かあります。つまり、実際の世の中、それがビジネスの世界であろうが、子どもの世界であろうが、バンデューラの言っている四つの方法だけでは何か足りていないということなのです。

筆者も、そのことをずっと考えていた時期がありました。そして、たどり着いたのが、経験と振り返りでした。つまり、学びのシステムを身につけていなければ、いくら直接的成功体験をしても自己効力感につながらないということです。

経験学習サイクル

経験学習について、忘れてならないのがジョン・デューイです[6]。デューイは教育における経験の重要性を主張し、「真実の教育はすべて、経験を通して生じる」「為すことによって学ぶ」「私たちは経験から学ぶのではない、経験を振り返る時に学ぶのだ」などの言葉で知られます。つまり、経験しただけでは学ぶことができない、その経験を振り返ることで初めて学ぶことができると指摘しました。直接体験をたくさんやっただけでは何も学びはしないということであり、その直接体験を振り返ったときに学ぶことができるというわけです。

そのデューイの考えを経験学習サイクルとしてモデル化したのがディビッド・コルブです。コルブは経験学習の学習プロセスをわかりやすく四段階にまとめました。まず、「具体的経験」とは、実際に何かの経験をすることです。経験を通して、問題や課題を把握し、感情や感覚を呼び起こします。次に、「省察的観察」です。ここでは、具体的経験を分析し、考察します。何が起こったのか、それに対して自分がどう感じ、どう考えたのかを明らかにします。そして、「抽象的概念化」へ進みます。観察したり、分析したりしたことをもとに、アイデアが概念を作ります。いわゆる、教訓ともいうべきエッセンスを絞り出します。最後に、「能動的実験」です。絞り出した教訓に基づいて取り組みます。実際に教訓を試してみることで実践的な解決策を見つけます。

直接的体験を経験学習サイクルに当てはめてみて、そこからどのような教訓が導き出せるのか、ということをやらないままでは、成功への道筋は見えてこないのです。アスリートと呼ばれるスポーツ選手の間では、当たり前のように経験学習サイクルを活用するようになりましたが、学校教育の現場では掛け声はかかっているものの、未だ十分な状態になっていないのが現状です。

直接的成功体験の大きなポイントは振り返り

体験だけでは自己効力感につながらない理由がお分かりいただけたでしょうか。体験を無駄にしないためにも経験学習サイクルで学ぶことが大切なのです。

その経験学習サイクルで「省察的観察」「抽象的概念化」の段階が振り返りにあたります。振り返りは原則的に次のような問いで構成されています。

What？　一体何が起こったのか？（状況）
So What？　どう感じたのか？どう考えたのか？（捉え方）
Now what？　次はどうする？（次への一歩）

日本では「振り返り」という名の反省をしばしば見かけます。振り返りと反省はまったく違うものです。反省は、ネガティブな事象に対して起こった出来事の原因を捉え、次に同じ過ちをしないために行うものです。そのため、原因の洞察、つまり過去への視点に最も重きが置かれます。一方、振り返りは、状況（過去）をどのように捉えているかという本人の認知に基づいて、次に何をするのか、いつするのか、誰とするのかなど、未来への視点をもつものです。従って、振り返りで最も大切なのはNow what？であり、未来の行動を決めることが一番重要なのです。そして、ネガティブな出来

事だけでなく、ポジティブな出来事に対しても行います。例えば、野球の試合で活躍した選手に、

先生「今日は試合でタイムリーヒットを打ったけど、なぜヒットを打てたの？」

◀

子ども「相手の投手がどのようなピッチングの組み立てをしているのか観察しました」

◀

先生「すごいね。しっかり観察したんだ。それでどう考えたの？」

◀

子ども「初球が甘いところに来ていたので、初球を狙おうと思って、思いっきり打ちました」

◀

先生「へぇ〜、分析してたんだ。それで、この成功は次のどのような場面に活かせるかな？」

◀

子ども「ランナーに出た時に、投手の牽制のクセがないか観察してみようと思います」

振り返りが習慣化されていなければ、子どもが失敗したときに振り返りを行っても、なかなか口を開かないことがあります。しかし、成功したとき、うまくいったときは振り返りが習慣化されていなくてもよく話してくれます。

このように、直接的体験を「直接的成功体験」にするためには、経験学習サイクルと振り返りが欠かせないのです。

失敗からも自己効力感を高める

筆者は経験学習サイクルと振り返りが定着すれば、失敗からも自己効力感を高めることにつながると考えています。

まずは成功体験をもとに、経験学習サイクルと振り返りを定着させます。そして、それがある程度できるようになれば、失敗体験から経験学習サイクルと振り返りで教訓を導き出します。すると、次の経験の時にいわゆる見通しができる状態になります。子どもが見通しを持てるようになれば、自然とチャレンジできるようになるのではないでしょうか。この見通しが持てないからチャレンジできていないのです。自己効力感の定義について「その人の持つ目標や成果の達成への自己の能力への確信と信頼」としました。この定義から考えても見通しが持てることが自己効力感を高めることにつながるのがわかります。

先生の中には「いつも、授業の最初に見通しを持つようにしているけど、子どもはやればできると思っていない」という方もいるかもしれません。しかし、筆者が小学校長時代に授業で見た見通しは、決して経験学習と振り返りに基づいた教訓ではないものでした。先生に誘導されたような見通しではなく、経験学習と振り返りから抽出された教訓のような見通しが大切なのです。

人間関係が四つの方法を効果的にする

バンデューラの四つの方法をさらに効果的にするためには、とても重要な条件ともいうべき大きなポイントがあります。それは人間関係です。より質の高い人間関係を構築することが四つの方法をさらに効果的にします。

最もわかりやすいのが「言語的説得」です。いわゆる励ましです。みなさんは自分が人から励まされたとき、どの人から励まされても同じような効果がありますか。ほとんどの人がNOではないでしょうか。自分が信頼している人、尊敬している人から励まされた時の効果は抜群ですが、嫌いな人、嫌な人から励まされたときは、思わず「あなたからそんなこと言われたくない」と思ってしまうこともあります。特にネガティビティ（自己否定的な心の状態）のときには、自分を支えてくれる、つまり、信頼して、助けてくれるサポーターを五人ほど持っておくと良いと言われています。自分一人では解決が難しい問題や困難に出会ったときは、そのサポーターの支援を仰ぐことが重要です。また、そのようにサポーターに支援を仰ぐことができると思っていることがレジリエンスや自己効力感を高めます。

レジリエンスの三つの要素

レジリエンスという概念を広めたことで有名なアメリカの心理学者グロットバーグは、レジリエンスを高める要素として次の三つを示しました[7]。

「I have（持っているもの・人とのつながり）」
「I am（自分自身であること・自分の強み）」
「I can（できること）」

「I have」はその人が持っているリソースやサポートシステムのことです。支援してくれる家族や友人、専門家のアドバイスなどが含まれます。「I am」は自己認識や自己肯定感、自己価値を表しています。その人が自分をどのように捉え、どの様に認識しているかが重要になります。「I can」はその人がどの程度、自己効力感を持っているかを表しています。自分の能力に自信を持ち、どのような能力・スキルを持っているかが重要になります。

　このようにレジリエンスを高める三つの要素の一つとして、人間関係があります。質の高い人間関係を築くことができれば、自己効力感だけでなく、レジリエンスそのものを高めることにつながり、ウェルビーイングへ近づくことができるのです。

　それでは、子どもにも活用しやすい「I have」についてのワークを紹介しましょう。

＊　＊　＊　＊

【ワーク】「私のサポーター」

◎あなたが困ったときや大変な時に応援してくれるサポーターを明らかにしましょう。サポーターが五人いると、ネガティブな出来事が起こったときに乗り切ることができると言われています。

①あなたは、過去に、とても困ったことや大変なことに出会ったときに、誰に助けてもらいましたか。

②あなたに優しく叱咤激励してくれた人は誰ですか。

③あなたが困ったときや不安なときに、一緒にいてくれて安心する人は誰ですか。

④あなたが苦しいときに、話を聞いてくれて支えてくれた人は誰ですか。

＊　＊　＊　＊

強みは自己効力感につながる

第二章で取り扱った強みも、自己効力感と深い関係があります。強みを活かすことで自己効力感は確実に高まるのです。

まず、自分の強みを理解し、活かすことができれば、成功につながる確率が高くなるからです。自分の強みは自分が持っている優れた能力であり、場合によっては特技です。つまり、自分の中で上手にやれる方法であり、最善の方法でもあるのです。従って、成功の確率は高くなるというのは当然の結果です。

それは同時に、課題に対する、自分なりの取り組み方が明確になるということでもあります。自分の強みを理解すれば、課題に対してどのような取り組み方をすれば最も良いかということが明確になってきます。自分なりの最適なアプローチがわかることは自己効力感が高まることにつながります。

また、自分の強みを理解し、活かすことはモチベーションを向上させる効果に優れています。自己効力感を高めるためには、自分で状況をコントロールしているという感覚を持つことが重要です。自分で状況をコントロールするためには、自分で決定することが重要であり、自己決定性が高いほどモチベーションは向上します。モチベーションが高いことは、取り組むエネルギーが多いということにつながるので、ここでも成功の確率は高まります。その結果、達成感を感じることができ、自己効力感の更なる向上へつながります。

このように、強みと自己効力感は強いつながりを持っています。ただし、強みを無理に活用し過ぎると、かえってうまくいかないこともあります。強みのボリュームで調節しながら、上手に活用していきましょう。

＊　＊　＊　＊

【ワーク】「レジリエンスのリソースを書き出してみよう」

◎次の項目に当てはまることを書き出してみましょう。

①「I have」愛してくれる人・信頼できる人・サポートしてくれる人

②「I am」自分らしいこと、自分が持つ強み

③「I can」自分ができること（能力・スキル）

＊　＊　＊　＊

【文献】

（1）十八歳意識調査「第四六回——社会や国に対する意識調査」日本財団、二〇二二年三月二四日

（2）横田秀策・山口麻美『学校が苦手な子どものためのアドラー心理学』アルテ、二〇二一年、八二～九四頁

（3）日本アドラー心理学協会『使えるアドラー心理学講座』（基礎コース）資料、二〇一六年

（4）梶野 真『アドラー心理学を深く知る29のキーワード』祥伝社新書、二〇一五年、一二四～一二九頁

（5）久世浩司『親子で育てる折れない心』実業之日本社、二〇一四年、一三五頁

（6）ジョン・デューイ、宮原誠一訳『学校と社会』岩波文庫、一九五七年。松野安男訳『民主主義と教育（上）（下）』岩波文庫、一九七五年。市村尚久訳『経験と教育』講談社学術文庫、二〇〇四年

（7）秋山美紀『看護師のための困難を乗り越える力』メヂカルフレンド社、二〇二〇年、一四～一六頁

第7章　ＳＥＬプログラムでウェルビーイング

ＳＥＬプログラムの導入がウェルビーイングの第一歩

学校におけるウェルビーイングを実現するために、どのようにポジティブ心理学の成果を活かしていけば良いかということについてこれまで述べてきました。

学校におけるウェルビーイングの実現は、セルフマネジメントとレジリエンスが大きなポイントになっており、ポジティブ心理学との関係では、レジリエンスの方が、かなりウェイトが大きいでしょう。従って、レジリエンスに関することばかりやっていても、ウェルビーイングの実現には近づきはするものの、十分な状態にはならないのです。

レジリエンスの力をつけるとともに、セルフマネジメントについてどのように力をつけていくのかが大きな問題になってきます。そこで、お勧めしたいのがＳＥＬプログラムの導入です。ＳＥＬプログラムはセルフマネジメントやレジリエ

図7－1　レジリエンスとセルフマネジメント

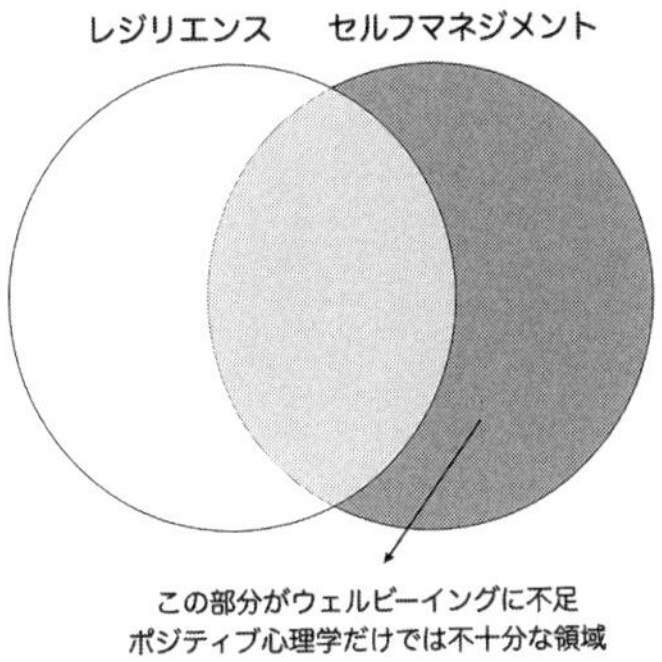

ンスに必要な能力・スキルが身につけられるようになっており、しかもそれがパッケージ化されているので、大変使いやすいという利点があります（ＳＥＬプログラムについては後ほど説明します）。セルフマネジメントやレジリエンスに関することをきちんと学ぼうと思えば、幾つもの講座に通い、金銭的にも高額になります。それがまとまって、教育プログラムとして提供されているＳＥＬプログラムは多数あります。それを活用することが最も効率的な方法だと思います。

それでは、ＳＥＬプログラムで身につけるＥＱや非認知能力はどのようなものでしょうか。

自分と他人はつながっている

皆さん、ＥＱという言葉をご存知ですか。ＥＱはこころの知能指数とも言われ、「自分や身近な人々の感情を認識し、うまく取り扱う能力[1]」のことです。

この二〇年で、ポジティブ心理学の進展とともに、ＥＱが注目されるようになってきました。ＥＱを広めたのはアメリカの心理学者であるダニエル・ゴールマンです。ゴールマンによれば、ＥＱには次の四つの領域があります[2]。

自分の感情を認識する
自分の感情をコントロールする
他人の気持ちを認識する
人間関係を適切に管理する

そして、ゴールマンは、この四つの関係について、次のように述べました。

> 言うまでもなく、この四つの領域は緊密に練りあわされて連携して動くものだ。たとえば、自分の感情が認識できなければ、それをコントロールすることはできない。そして、感情をコントロールできなければ、人間関係をうまく管理することはできない。私たちの研究によって、四つの領域の基礎的な関係があきらかになった。簡潔に言うと、「自分の感情を認識する」ことができて、「自分の感情をコントロールする」ことと、「他者の気持ちを認識する」ことが可能になる。そして、この二つが合わさって、「人間関係を適切に管理する」ことが可能になる。

図7−2　四つの領域の関係

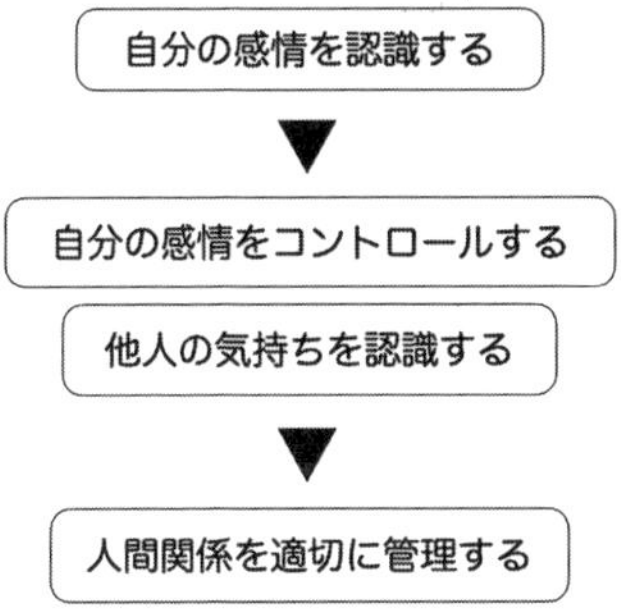

自己認識して自分の感情に気づかなければ、自分の感情をコントロールすることもできず、他人の気持ちを理解することもできない。この二つができるようになって人間関係を適切に管理することができるのです。人間関係をうまく管理できていない、他人の気持ちがわからないことは、元を正せば自分の感情をきちんと認識できていないからなのです。筆者は、長い間、子どもの気持ちや人間関係と向かい合い、現在も、多くの人の感情や人間関係に向かい合うことが多いのですが、まさにその通りだと感じています。他人のことがわかっていないのは、自

分のことがわかっていないからであり、自分と他人はつながっているのです（この場合の他人は自分の周りの人のこと）。

さらに、ゴールマンは「ＥＱは持って生まれた能力ではなく、学習によって習得しうる能力である」[3]と述べています。ＥＱは先天的に私たちにもたらされるものではなく、生まれた後に学習によって身につけることができるとは、教育によって身につけることができるということです。この場合、どのような教育をすれば身につくのかが大きなポイントになりますが、これについては後ほど述べたいと思います。

ＥＱと非認知能力

ＥＱと同じように扱われる言葉に非認知能力があります。しばしばＥＱと非認知能力は意味が重なり合っている部分もあるために、同じ意味で使われていることがあります。しかし、元来この二つは別の概念です。ＥＱ（こころの知能指数）が感情に関する知識や理解、コントロールする能力に対し、非認知能力は認知能力以外の個人の性格や特性に関する能力です。従って、非認知能力には性格やパーソナリティ、そして、積極性や自己規律、共感性、創造性などの特性を含みます。非認知能力の基盤としてＥＱがあると考えれば整理しやすいのではないでしょうか。

非認知能力の重要性

これまで、本書では、ウェルビーイングを実現するために、ポジティブ心理学を活かしてどのように取り組むかについて述べてきました。これまでの本書の内容を振り返れば、ポジティブ心理学を活かしてどのようにEQを高めていくかについて述べてきたことになります。

しかしながら、EQを高めればウェルビーイングに近づくことはできるのですが、EQだけではウェルビーイングの実現には少し不足しています。それでは、何を充足すれば実現というレベルに近づいていくのでしょうか。それが、非認知能力なのです。その非認知能力の必要性について、ゴールマンは、『学習する組織』で有名なピーター・センゲとともに、『21世紀の教育』を書きました。その本の中で、これからの教育で子どもが身につける必要がある力として、次の四点をあげています[4]。

自分への気づき（セルフ・アウェアネス）
セルフ・マネジメント
他者を理解する力（エンパシー）
社会的スキル（ソーシャルスキル）

皆さんもお分かりのように、この四点は前述したEQの四つの領域と対応しています。本の名前のサブタイトルとして「子どもの社会的能力とEQを伸ばす3つの焦点」と付けられていることからも、EQを基盤とした非認知能力について書かれたものなのです（以後、「非認知能力」とします）。そして、これらの力を身につけさせるためにSELプログラムへ取り組むことを提案しています。

SELプログラムとは？

SELとは「Social & Emotional Learning」のことで、「社会性と感情の学習」などと呼ばれています。

簡単に言えば、社会との関わり方と感情の扱い方について学ぶということです。SELで学べば相乗効果が生まれ、次の五つの能力が身に付くとされています(5)。

●自分に気づく力（セルフ・アウェアネス）
自分は何を感じているか、なぜそう感じているのかを理解する能力

●セルフ・マネジメント
感じていることに適切に対処する能力

●他者を理解する力（エンパシー）
他者が何を考え、何を感じているかを理解し、他者からの視点を把握する能力

●ソーシャルスキル
右の三つを統合して、調和のとれた関係性を築く能力

●より良い意思決定
右のすべての感情的知性に関するスキルセットを総動員して、人生におけるより良い意思決定をする能力

図7－3　SELプログラムで身につく能力

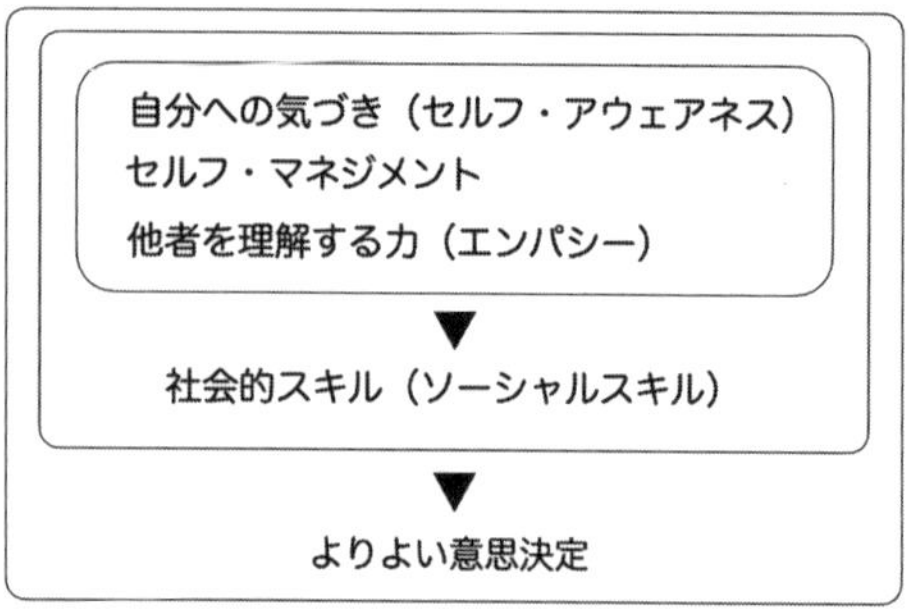

SELプログラムは世界の多くの地域で取り組まれており、大きな成果につながっています。SELプログラムを導入した学校と、導入していない学校について世界的な調査（対象二七万人の

生徒）を行ったところ、「向社会的行動（クラスで適切に振る舞う、学校が好き、出席率が良好など）が一〇％向上し、反社会的行動（クラスで不適切に振る舞う、暴力、いじめなど）はどれも約一〇％低下しました。そして、何よりも学力テストの点数も約十一％向上」[6]したという結果が出ています。

非認知能力は、知識・理解といった考える力、いわゆるアカデミックスキルと呼ばれるものに対して、行動する力、ライフスキルと呼ばれています。ＷＨＯ（世界保健機関）の定義によれば「日常生活の中で生じるさまざまな問題や要求に対して、建設的かつ効果的に対処するために必要な心理的社会的能力」とされ、具体的に必要なスキルとして、意思決定、問題解決、創造的思考、批判的思考、効果的コミュニケーション、対人関係スキル、自己認識、共感性、情動への対処、ストレスへの対処、があげられています。前述の世界的な調査ではＳＥＬプログラムで取り組めば、ライフスキルだけでなく、アカデミックスキルも向上するということが証明されたわけです。

非認知能力の学び方

筆者はキャリア教育・開発を専門としています。そのため、非認知能力をキャリア的にわかりやすい言葉に置き換えると、経済産業省が提唱している社会人基礎力になります。経済産業省では、学校時代に培っておきたい力として、次の三つの能力と十二の能力要素をあげています[7]。

●前に踏み出す力

主体性

働きかけ力

実行力

●考え抜く力

課題発見力

計画力

想像力

●チームで働く力

発信力

傾聴力

柔軟性

状況把握力

規律性

ストレスコントロール力

これらの力がキャリア発達に必要な非認知能力＝社会人基礎力なのです。

それでは、非認知能力を身につけるために、どのような学びをすれば良いのでしょうか。このことについて、アメリカのジャーナリストであるポール・タフは、非認知能力についての様々な研究成果を分析して、非常に興味深いことを述べています。[8]

「非認知能力は教えることのできるスキルである」と考えるよりも、「非認知能力は子どもを取り巻く環境の産物である」

ここでいうところの「環境」は「状況」のことであり、「人間関係」を意味しています。つまり、子どもたちの非認知能力は教師が指導して教えることはできず、その子どもの置かれた人間関係、つまり、周りの人とどのように関わっているか、また、どのような関わりをされているかで育まれるということです。

それでは、先生や保護者は何もできないのか？となってしまいがちですが、そうではありません。先生や保護者の子どもへの関わり方を変え、子ども同士がより適切な関わり方を行っていけば非認知能力は高まるのです。従って、そのような関わり方、やり方を学べば良いのです。それをスキル学習と呼びます。

ライオンズクエストとの出会い

小学校長時代の二〇一八年、ＳＥＬプログラムの一つであるライオンズクエストを勤務校に導入しました。それまで教頭として務めた中学校では、筆者自らが年間十五時間程度の非認知能力を育むプログラムを作成し、実施してもらいました。校長として赴任した当時、再度、自分で作成するかどうかで悩んでいました。すると、教育委員会の知人からライオンズクエストをご紹介いただき、二つ返事で了承した記憶があります。そのとき以来、ライオンズクエストの導入、実施、研修で、福岡ふようライオンズクラブの皆様には大変お世話になっています。

二〇一八年一月からプログラムをスタートするために、二〇一七年一二月に基本編・実践編のワークショップを開催して、ライオンズクエストとは如何なるものか全職員で学びました。ワークショップ終了後の職員の姿で印象深かったのは、いずれの職員も口々に「このような学びを子どもたちにも経験させたい」でした。二〇一八年四月からは教育課程の中にライオンズクエストを組み込み、実践に取り掛かりました。

　このようなライオンズクエストとのご縁をいただいた筆者は、現在、世界有数のＳＥＬプログラムであるライオンズクエストの認定講師を務めさせていただいています。

ライオンズクエストの特徴

ライオンズクエストプログラムは、一九七五年、アメリカの青年リック・リトルが「人生で直面する困難にどのように対処していけばよいか、誰も教えてくれなかった」という思いから、困難を乗り越え、よりよく生きる力を包括的に学べるプログラムを開発したものです。その後、リック・リトルは幾多の困難を乗り越えてクエスト財団（後のクエストインターナショナル）を創立しました。一九八四年、ライオンズクラブ国際協会がプログラムの普及活動へ協力、支援を始めました。さらに、二〇〇二年、ライオンズ国際財団が著作権を取得し、現在では、世界一〇〇の国と地域で普及活動を行っているものです[9]。それでは、ライオンズクエストプログラムの特徴を見ていきましょう。

まず、ライオンズ・クエストプログラムは次のような目標をあげています[10]。

子どもたち、家族、学校、地域のメンバーが力をあわせ、思いやりのある人間関係、高い期待、安全で安心できる環境を作りだす。

子どもたちが、健康で実りの多い人生を築くための、ライフスキルを学習する機会を提供する。

ひとり一人の違いを尊重し、他者への敬意を育てる。

安全で健康的なライフスタイルの確立。たばこ、アルコール、他の薬物に関わらない人生の基礎を築く。

他者への協力と奉仕活動を通して、学校や地域に貢献するための機会を提供する。

子どもたち、家族、良い仲間、学校、地域のつながりを強化する。

このような目標に向かって、スキル学習へ取り組んでいきます。スキル学習とは、「わかる（知識）」を「できる（行動）」にする学習です。つまり、やってみて身につける学習のことです。ポール・タフが非認知能力は「教える」のではなく、「環境」、つまり子どもと、その子どもを取り巻く人間の関係性で育まれると指摘したことは述べました。ライオンズクエストにおいても、スキルを教えるのではなく、そのような関わりができることを通して身につけさせていくようになっています。

例えば、授業の学習段階は次のような四段階になっています[11]。

- 「見つける」　既習知識や経験を掘り起こして、自分たちの課題を結びつけます。
- 「つなげる」　既習知識や経験を、新しく学ぶ知識やスキルと結びつけます。
- 「やってみる」　「つなげる」で学んだ新しいスキルを練習して身につけます。
- 「使ってみる」　新しいスキルを教室外（家庭や部活など）で使ってみます。

このような四つの段階で習得したスキルについて、ある一定期間取り組んだ後、振り返りを行い、さらに身につけることができるようにしていきます。

また、未就学の段階から中学生までを九段階とし（高校生は中学生向けを応用）、系統的に学べるようになっています。各段階の単元構成は原則的に次のようになっています。

単元１　明るく意欲的な学習集団（集団造り、ルール作り、グループ活動）
単元２　個人的発達（自身、責任、目標設定、感情のコントロール）
単元３　社会的発達（問題解決、友人関係、いじめ）
単元４　健康と病気の予防（健康習慣、薬物問題、プレッシャーへの対処）
単元５　リーダーシップと奉仕活動（奉仕活動の計画から実行まで）
単元６　振り返りとまとめ（賞賛、振り返り）

このような系統性と単元構成に従って、指導者用ガイド（指導略案のようなもの）、ライフスキルノート（ワークシート）、映像提示資料、ファミリー通信（家庭と取り組むワークシート）、概要書、保護者会運営手引書が準備されています。ライオンズクエストプログラムに限らず、ＳＥＬプログラムでは保護者を巻き込んで一緒に取り組むことを重視しています。そのため、ライオンズクエストプログラムにはファミリー通信という家庭用のワークシートが準備されているのです。保護者会運営手引書が整備されていることも、現場の先生にとってはとてもありがたいことです。

このような教材の充実度はＳＥＬプログラムの中でもライオンズクエストが抜きん出ているのでは

ないでしょうか。指導者用ガイドだけでなく、授業で使える映像資料・ワークシートからファミリー通信、保護者会運営手引書まで揃っていることには、認定講師である筆者も驚きを隠せません。

しかも、ライオンズクラブの支援が得られるようになれば、ワークショップの実施、フォローアップ研修など無料で実施することができます（ライオンズクラブが負担しています）。

筆者が校長を務めた小学校では、現在もライオンズクエストを教育活動の柱の一つにしており、毎年、研修に取り組んでいます。

ライオンズクエストの成果について

それでは、最後にライオンズクエストに取り組んでいる先生の感想を見てみましょう。筆者が校長時代にともに勤務した大澤麻衣子先生はライオンズクエストの良さを理解し、実践している先生です。

魅力あるＬＱでよりよい関係を築き、自分らしく生きる力を育てたい

福岡市立八田小学校教諭　大澤麻衣子

私は現在、福岡市立八田小学校に勤務しています。八田小学校の学校教育目標は、「より良い関係を築きながら、自分で考え、決定し、行動する児童を育成する」です。この目標を達成するために欠かせないのが「ライフスキル」だと思います。八田小学校では二〇一八年の一月からＬＱ（ライオンズクエスト）プログラムが導入され、今年で六年目となりました。二〇二一年から八田小学校に赴任し、ＬＱプログラムについて学びながら実践しているところです。そんな中で感じてきた

ＬＱの魅力についてお伝えしたいと思います。

まず、ＬＱは、子どもたちにとって「楽しい」ものです。授業のはじめの「エネジャイザー〈短時間で行う集団づくりゲーム〉」は子どもにとっての楽しみの一つです。「エネジャイザー」で友だちや教師との距離が縮まり、心が温まってエネルギーが充電されます。充電がたまったところで、今日の学習活動に入ります。学習しているときの子どもたちは、前のめりになったり、笑顔になったり、真剣な表情を見せたりします。考え、話し合い、やってみるＬＱは、子どもたちにとっての「楽しい」学習です。

ＬＱのもう一つの魅力は、子どもが「すぐにつかえる」ところです。「今日学んだスキルはどんな時に使えそう？」と聞くと、「今すぐ！」「いつでも！」と声が返ってきます。子どもたちは、スキルを活用できる場面がすぐに、具体的に思い浮かぶようです。それは、教師にとっても同じです。「今日の国語は、昨日学習した〈聞くという贈り物〉を使って話し合おう」と投げかけると、それだけで子どもたちの話し合う様子は変わります。また、「〈グループの役割と責任〉を思い出して活動しよう」と、投げかけた時は、活動中に、「リーダーは威張るのがリーダーじゃないよ。みんなに声をかけるのがリーダーだよ」と、子どもたちが話しているのが聞こえてきました。ＬＱで学んだことは、教師も、子どもも、毎日意識して使う機会があります。そして、スキルを使うことで、人間関係がより良いものへと変化していきます。

最後に、ＬＱの内容は子どもたち自身が「知りたい」と思っている内容です。子どもは、子どもなりに学校や家庭で悩みを抱えています。ある日の朝、「今日のＬＱは〈友人関係の仕組み〉だよ」と予告しました。すると、ＬＱの授業が始まる前から座って始まるのを待っている子どもの姿がありました。友だちと上手に関わる方法を「知りたい」「学びたい」と思っている子どもの願いが伝わってきました。

　このように、ＬＱは、子どもたちにとって「楽しくて」「毎日つかえて」「知りたいと思える」魅力あるものです。子どもたちが周りの人とより良い人間関係を築きながら、自分で考え、決定し、行動できるようこれからも楽しくＬＱプログラムを実践していきたいと思います。

（ライオンズ国際協会 337-A 地区「あかり」春季号、No.437,2022.4.1 掲載）

　まさに学級がライオンズクエストの実践でウェルビーイングに近づいていることがわかります。子どもは子どもなりに、学校や家庭でさまざまな課題（ライフスキル）を抱えて、自分でなんとかしたいと思っているのです。しかも、その解決や解消は教えてもらうこと＝Teach ではなし得ないのです。自分がその解決や解消をできる力を身につけなければならないのです。このために、スキルを身につけていく必要があります。それができるようになっていくことで、子どもたちは個人としても、集団としてもステップを一歩ずつ登っていくわけです。

【文献】

（1）イローナ・ボニウェル、成瀬まゆみ訳『ポジティブ心理学が1冊でわかる本』国書刊行会、二〇一五年、四六頁
（2）ダニエル・ゴールマン、リチャード・ボヤツィス、アニー・マッキー、土屋京子訳『ＥＱリーダーシッ

プ』日本経済新聞出版、二〇一九年、四七～四八頁
（3）ダニエル・ゴールマン、リチャード・ボヤツィス、アニー・マッキー、土屋京子訳『EQリーダーシップ』日本経済新聞出版、二〇一九年、五六頁
（4）ダニエル・ゴールマン、ピーター・センゲ、井上英之監訳『21世紀の教育』ダイヤモンド社、二〇二一年、二二一～二二三頁
（5）ダニエル・ゴールマン、ピーター・センゲ、井上英之監訳『21世紀の教育』ダイヤモンド社、二〇二一年、三九～四〇頁
（6）ダニエル・ゴールマン、ピーター・センゲ、井上英之監訳『21世紀の教育』ダイヤモンド社、二〇二一年、三五～三六頁
（7）経済産業省ホームページ https://www.meti.go.jp/policy/kisoryoku/
（8）ポール・タフ、高山真由美訳『私たちは子どもに何ができるのか』英知出版、二〇二〇年
（9）「ライオンズクエストプログラムパンフレット」特定非営利法人青少年育成支援フォーラム
（10）LQポート「Lions Quest プログラム 概要書（抄）」ライオンズクラブ国際財団
（11）LQポート「Lions Quest プログラム 概要書（抄）」ライオンズクラブ国際財団

おわりに

まずは最後まで本書をお読みいただき、大変ありがとうございます。本書が皆さんのニーズを満たすものになっていれば、さらに嬉しく思います。

学校という場を離れて二年以上経ちました。この間、外から学校教育の世界を観察すると、子どもたちの将来につながるようなニュースが入ってくるとやはり嬉しいという気持ちが湧き上がります。しかし、現実に学校をめぐる状況を見てみると、時間軸で働き方改革を迫られているものの、本質的に学力観や教育観の転換ができていないために、追い込められている先生の姿が浮かびます。一方、子どもの方はコロナ禍のストレスへどう対応するかなど、これもポジティブとはいえないようなニュースが多いのが感想です。

そのような学校の状況を少しでも改善するために、筆者にできることはないかと考え、今回の出版に至りました。従って、「はじめに」でも述べましたように、できる限り先生や子どもをサポートできることを意識しました。もし、そのように感じた、役に立ったと思っていただける方がおられましたら、幸いです。

また、個人的なことになりますが、この二年間で新しい趣味というべきものが見つかりました。それはアニメです。「還暦を過ぎてできた趣味がアニメ？」と思われる方もいるでしょうが、アニメの素晴らしさに気づいてしまったのです。二〇二三年のアニメ作品で「もういっぽん」という高校生の女子柔道を描いた作品があります。女子高校生ものにしては珍しく、男の子などまったく出てきません。ただ、柔道が好きな女子高校生たちの姿を描いたものなのですが、毎回、涙を流しながら観ていました。「還暦過ぎたおっさんがキモい！」とか言われそうですが、高校生が柔道を頑張りたい、そして、この仲間と一緒に青春の時を過ごしたいと頑張る姿につい涙腺がゆるくなりました。結局、やっぱり筆者は学校という場が好きなのだと気づかされました。中学生や高校生の感性が、そしてあの頃の一生懸命さが好きなのです。

自分を教師として育ててくれて、そして今でも好きだと思える場所である学校が、先生や子ども、そして保護者が笑顔で関わり合えている場となることは、ウェルビーイングが実現することです。その時が一刻でも早く訪れるように、これからも取り組んでいきたいと思います。

最後に、本書の出版の機会をいただき、応援していただいたアルテの市村社長に大変感謝申し上げます。そして、筆者の稚拙な文章のチェックを手伝ってくれた妻の郁に感謝したいと思います。

ありがとうございました。

二〇二三年五月

横田　秀策

◆著者

横田　秀策（よこた　しゅうさく）

1960年、福岡県生まれ。熊本大学文学部史学科卒業。1984年に福岡市中学校教諭として採用され、社会科教諭を務める。のちに、特別支援学校、中学校、小学校で教頭、小学校で校長を務めた。国家資格キャリアコンサルタント、キャリアディベロップメントアドバイザー（日本キャリア開発協会）、マスタープラクティショナー（日本アドラー心理学協会）、レジリエンス・トレーナー（日本ポジティブ教育協会）。現在、若者のキャリア開発・成長のサポートを行う（一社）FCC GROOVEを設立し、研修・セミナー・ワークショップの講師やファシリテーターを務める。共著に『学校が苦手な子どものためのアドラー心理学』（アルテ）。

ウェルビーイングな学校づくりのためのポジティブ心理学
――先生や子ども、そして保護者の幸せな人生に向けて

2023年7月25日　第1刷発行

著　者　横田　秀策
発行者　市村　敏明
発　行　株式会社　アルテ
〒170-0013　東京都豊島区東池袋2-62-8
BIGオフィスプラザ池袋11F
TEL.03(6868)6812　FAX.03(6730)1379
http://www.arte-book.com
発　売　株式会社　星雲社
（共同出版社・流通責任出版社）
〒112-0012　東京都文京区水道1-3-30
TEL.03(3868)3275　FAX.03(3868)6588
装　丁　川嵜　俊明
印刷製本　シナノ書籍印刷株式会社

ISBN978-4-434-32214-3 C0011